डॉ. मुखर्जी एकमात्र ऐसे नेता थे, जिन्होंने न केवल स्वतंत्रता से पहले देश के लिए संघर्ष किया, बल्कि स्वतंत्रता के बाद देश की एकजुटता के लिए प्राण दिए। 1950 में जब 'नेहरू-लियाकत' समझौता हुआ और बंगाली हिन्दू अल्पसंख्यकों के हितों पर कुठाराघात हुआ तो उन्होंने केंद्र सरकार से त्यागपत्र दे दिया। जो उन्होंने कश्मीर के लिए किया, वह भारतीय अस्मिता बचाए रखने के लिए किया।

राष्ट्रीय जीवनी माला

# डॉ. श्यामाप्रसाद मुखर्जी

हरीशदत्त शर्मा

डायमंड बुक्स

www.diamondbook.in

**प्रकाशक** : **डायमंड पॉकेट बुक्स (प्रा.) लि.**
X-30 ओखला इंडस्ट्रियल एरिया, फेज-II
नई दिल्ली-110020
फोन : 011-40712200
ई-मेल : sales@dpb.in
वेबसाइट : www.diamondbook.in
मुद्रक : रेप्रो (इंडिया)

---

**Dr. Syama Prasad Mukherjee**
*By : Harish Dutt Sharma*

# अपनी बात

**डॉ.** श्यामाप्रसाद मुखर्जी देश के महापुरुषों की श्रृंखला में वह नाम है, जिसने अपना सम्पूर्ण जीवन देशहित में लगाकर देश का विभाजन रोकने का भरसक प्रयत्न किया। लेकिन फिर भी उनका वह प्रयास व्यर्थ गया। उनके अथक प्रयासों के कारण ही समस्त बंगाल को बचाया जा सका अन्यथा पूरा बंगाल दूसरा पाकिस्तान बन गया होता।

जम्मू-कश्मीर पर भी राष्ट्रद्रोही ताकतों की कुदृष्टि प्रारंभ से ही थी। वहाँ से हिन्दुओं को आतंकित करके भगाया जा रहा था। कश्मीरी पंडितों पर अत्याचार किए जा रहे थे। जम्मू की 'प्रजा परिषद्' के लोगों ने आवाज़ उठाई लेकिन उसे दबाना प्रारंभ कर दिया गया। तब जनसंघ इसके विरोध में खड़ा हुआ। डॉ. श्यामाप्रसाद जी ने जम्मू-कश्मीर की स्थिति से निबटने के लिए नेहरूजी को कई बार सचेत किया लेकिन नेहरू जी ने उनकी बात नहीं मानी और अपनी नीति पर चलते रहे; जिसका परिणाम आज तक कश्मीर समस्या के रूप में भुगता जा रहा है। लाखों लोग इस समस्या के कारण पीड़ित हैं। आज भी वहां एक व्यक्ति के भी मारे जाने पर उसका पूरा परिवार उसके साथ बर्बाद हो जाता है।

श्यामाप्रसाद जी ने इस समस्या के लिए स्वयं जम्मू-कश्मीर जाकर वहां की वास्तविक स्थिति ज्ञात करने का विचार किया। वहां की सही स्थिति का अनुमान समाचार पत्रों से भी नहीं मिल पा रहा था क्योंकि कश्मीर सरकार भ्रामक समाचार प्रेषित करती थी। अत: श्यामाप्रसाद जी

वहाँ गए लेकिन एक षड्यंत्र के अंतर्गत वे बंदी बना लिए गए और उसी षड्यंत्र के अंतर्गत रहस्यमय परिस्थितियों में उनकी मृत्यु हो गई। उनकी मृत्यु का रहस्य आज तक उजागर नहीं हो सका है।

मुझे उस महापुरुष के विषय में यह पुस्तक लिखते हुए जो गर्व अनुभव हुआ है, आशा है जिज्ञासु एवं सत्यता की खोज में लगे पाठकों को भी ऐसे महान पुरुष, जिन्हें यदि उचित सहयोग मिलता तो वे देश को उन्नति के मार्ग पर न जाने कहाँ पहुँचा सकते थे, की जीवनी पढ़ने में उतना ही गर्व अनुभव होगा।

अपने अमूल्य सुझावों से अवगत कराएँ।

**—लेखक**

# विषय-सूची

# 1

# जीवन के मुख्य पड़ाव

**डॉ.** श्यामाप्रसाद जी के जन्म से लेकर निधन तक जो मुख्य पड़ाव आए, वे इस प्रकार हैं—

**1901** 7 जुलाई, भवानीपुर (कोलकाता) में जन्म।

**1917** प्रेसीडेंसी कॉलेज से आई.ए. (इंटर के समकक्ष) परीक्षा प्रथम श्रेणी में उत्तीर्ण।

**1921** बी.ए. उत्तीर्ण प्रथम श्रेणी में प्रथम स्थान।

**1922** सुप्रसिद्ध कवि बिहारी लाल चक्रवर्ती की पौत्री सुधा देवी से विवाह।

**1923** एम.ए. (बंगला साहित्य में) प्रथम श्रेणी में प्रथम।

**1924** पिता सर आशुतोष मुखर्जी का निधन। कानून की परीक्षा 'बैचलर ऑफ लॉ' प्रथम श्रेणी में प्रथम स्थान प्राप्त कर उत्तीर्ण। कोलकाता उच्च न्यायालय में वकील के रूप में पंजीकृत। कोलकाता विश्वविद्यालय सिंडीकेट के सदस्य नियुक्त।

**1926** लॉ की पढ़ाई के लिए इंग्लैंड गए।

**1927** बैरिस्टर बने।

**1929** कांग्रेस उम्मीदवार के रूप में विधान परिषद् के सदस्य निर्वाचित।

**1930** कांग्रेस द्वारा विधान मंडलों के बहिष्कार के आह्वान पर काँग्रेस उम्मीदवार के रूप में त्यागपत्र दिया और स्वतंत्र उम्मीदवार के रूप में पुनः विधान परिषद् के सदस्य चुने गए।

**1933** पत्नी का देहांत।

**1934** 1934 से 1938 तक कोलकाता विश्वविद्यालय के उप-कुलपति।

**1938** कोलकाता विश्वविद्यालय द्वारा मानद डी.लिट. की उपाधि और बनारस हिन्दू विश्वविद्यालय द्वारा मानद डॉक्टर ऑफ लॉ की उपाधि से विभूषित। लीग ऑफ नेशन्स की बौद्धिक सहयोग समिति में भारत के प्रतिनिधि के रूप में नामांकित।

**1939** कोलकाता में सावरकर की अध्यक्षता में सम्पन्न हिन्दू महासभा के 21वें अधिवेशन में सहभाग।

**1940** हिन्दू महासभा के कार्यकारी अध्यक्ष।

**1941** बंगाल में फजलुल हक के नेतृत्व में प्रगतिशील गठबंधन सरकार में वित्त मंत्री।

**1942** भारत छोड़ो आंदोलन के संबंध में राज्यपाल की दमन नीति के विरोध में मंत्रिमंडल से त्यागपत्र।

**1943** बंगाल के अकाल के दौरान सराहनीय राहत कार्य।

**1944** 'नेशनलिस्ट' नामक अंग्रेजी दैनिक की स्थापना।

**1945** नवम्बर में आज़ाद हिन्द फौज दिवस के समय सरकार से छात्रों के संघर्ष में महत्त्वपूर्ण भूमिका।

**1946** विश्वविद्यालय निर्वाचन क्षेत्र से बंगाल विधानसभा के सदस्य चुने गए। कोलकाता में हिन्दुओं के नरसंहार के समय जनता के साथ दृढ़ता से खड़े रहे और सुहारा वर्दी के नेतृत्व में मुस्लिम लीग की ज्यादतियों का सामना किया। बंगाल के एक हिस्से को भारत में बनाए रखने के लिए आंदोलन छेड़ा।

**1947** पंडित नेहरू द्वारा बनाई गई पहली राष्ट्रीय सरकार में उद्योग और आपूर्ति मंत्री के रूप में शामिल हुए। महाबोधि सोसाइटी ऑफ इंडिया के अध्यक्ष बने।

**1950** नेहरू-लियाकत समझौते के विरोध में मंत्रिमंडल से त्यागपत्र तथा पूरी तरह पूर्वी बंगाल से आए हिन्दू शरणार्थियों के पुनर्वास के लिए समर्पित।

**1951** अक्टूबर में दिल्ली में उनकी अध्यक्षता में भारतीय जनसंघ स्थापित किया गया।

**1952** आम चुनावों में दक्षिण कोलकाता संसदीय क्षेत्र से चुने गए। इस चुनाव में उन्होंने काँग्रेस और कम्युनिस्ट उम्मीदवारों को हराया।

कानपुर में भारतीय जनसंघ के प्रथम अ.भा. अधिवेशन की अध्यक्षता।

1953 जम्मू-कश्मीर राज्य के भारत में पूर्ण विलय के लिए प्रजा परिषद् आंदोलन का समर्थन। 11 मई को कश्मीर में बिना परमिट के प्रवेश और गिरफ्तार। 23 जून प्रात: 2:30 बजे (अथवा 3:40 बजे) श्रीनगर में कारावास की स्थिति में रहस्यमय परिस्थितियों में देहांत। 24 जून को कोलकाता में अंतिम संस्कार।

•••

# 2

# जीवन परिचय

**डॉ.** श्यामाप्रसाद मुखर्जी वे महान व्यक्तित्व थे जिन्होंने भारत की एकता और अखंडता के लिए अपने प्राणों का बलिदान दिया। वे एक कट्टर हिंदू थे जिन्होंने हिन्दुत्व की रक्षा की। भारत देश में ऐसे बहुत कम लोगों के कारण ही हिन्दू धर्म एवं हिन्दुत्व अपना अस्तित्व बनाए हुए है। डॉ. श्यामाप्रसाद मुखर्जी ने हिन्दुत्व की रक्षार्थ कठिन प्रयास किया और अपने कार्य में सफल भी हुए। डॉ. मुखर्जी महाविद्वान, राष्ट्रवादी और चिंतक थे। वे जनसंघ, जिसकी स्थापना 1951 में हुई थी, के प्रथम संस्थापक अध्यक्ष थे। उन्होंने देश के सरताज 'कश्मीर' और इसकी समस्या के लिए आवाज़ उठाकर एक आंदोलन प्रारंभ किया और उसी आंदोलन के चलते उनकी रहस्यमय मृत्यु हुई।

श्यामाप्रसाद जी का जन्म 7 जुलाई, 1901 को कोलकाता में हुआ था। इनके पिता का नाम श्री आशुतोष मुखर्जी था। उन्हें 'सर' की उपाधि प्राप्त थी। वे सर आशुतोष मुखर्जी कहलाते थे। सर आशुतोष अपने समय के प्रकांड विद्वान थे। आशुतोष जी अपने छात्र जीवन से ही मेधावी रहे। वे अन्य विषयों के अतिरिक्त गणित विषय में विशेष पारंगत थे। छात्र-जीवन में ही वे लंदन मैथेमैटिकल सोसाइटी के सदस्य बनाए गए। उन्होंने ज्यामिति से संबंधित ऐसी प्रस्तुति की कि इंग्लैंड में वह खोज 'मुखर्जी थ्योरम' के नाम से प्रचलित हुई। तदंतर वे कलकत्ता उच्च न्यायालय के न्यायाधीश रहे। इसके अतिरिक्त वे कोलकाता विश्वविद्यालय के उपकुलपति तथा बंगाल कौंसिल में 'कोलकाता कॉरपोरेशन' के प्रतिनिधि रहे। इस तरह उन्होंने शिक्षा और कानून के अतिरिक्त और भी

अनेक क्षेत्रों में देश के लिए अपना महत्त्वपूर्ण योगदान दिया। इस प्रकार सर्वगुण संपन्न पिता के गुणों का प्रभाव श्यामाप्रसाद मुखर्जी पर पड़ना स्वाभाविक था। श्यामाप्रसाद जी की माता का नाम श्रीमती योगमाया देवी था। वे पतिव्रता, धर्मपरायण महिला थीं। इनके पिता इन्हें सर्वदा अपने साथ ही रखते थे। वे जहां भी जाते थे, इन्हें साथ लेकर जाते थे। इससे श्यामाप्रसाद मुखर्जी को अनेक लोगों के विचार जानने का अवसर प्राप्त होता था।

श्री विश्वेश्वर मित्तर ने सर आशुतोष मुखर्जी की राय पर शिक्षण संस्था के रूप में 'मित्तर इंस्टीट्यूट' की स्थापना की, जिसमें सर आशुतोष भी अपने अनुभव का पूर्ण योगदान देते थे। श्यामाप्रसाद मुखर्जी ने इसी संस्था से मैट्रिक करने के पश्चात् वर्ष 1917 में आगे की शिक्षा के लिए प्रेसीडेंसी कॉलेज कोलकाता में प्रवेश लिया। इनके पिता ने भी इसी कॉलेज से शिक्षा ग्रहण की थी। वर्ष 1919 में आपने इंटर की परीक्षा विश्वविद्यालय में प्रथम आकर उत्तीर्ण की। वे पूरे विश्वविद्यालय में प्रसिद्ध हो गए। उनके मित्र और अध्यापक उनका विशेष सम्मान करते थे।

उनकी ख्याति बढ़ती गई, साथ ही उनकी प्रतिभा भी। वर्ष 1920 में प्रेसीडेंसी कॉलेज की पत्रिका का उन्हें सचिव बना दिया गया। यहाँ से प्रारंभ हुआ उनका लेखन कार्य और वे पत्रिका में अपने विचारों को शब्दों के माध्यम से प्रस्तुत करने लगे। उनके लेख अत्यंत प्रभावशाली होते थे जो औरों के लिए प्रेरणा स्रोत होते थे। उनकी प्रतिभा को देखते हुए कुछ दिनों के बाद उन्हें इस पत्रिका का संपादक भी बना दिया गया।

इसी कॉलेज के शिक्षक एवं इनके पिता सर आशुतोष के सहपाठी रह चुके प्रो. पर्सिवाल के बारे में श्यामाप्रसाद मुखर्जी अपने पिता से अनेक बार उनके विशेष कार्यों के विषय में सुन चुके थे। प्रो. पर्सिवाल ने बंगाल के लोगों के जीवन स्तर को ऊंचा उठाने के लिए महत्त्वपूर्ण कार्य किया था। श्यामाप्रसाद मुखर्जी ने विचार किया कि उनके अनुभव से लोगों को लाभान्वित किया जाए और यह कार्य पत्रिका में उनके लेखों के माध्यम से किया जा सकता है। यही विचार कर उन्होंने पत्राचार प्रारंभ किया। श्यामाप्रसाद जी शब्दों का चयन कितना प्रभावपूर्ण

ढंग से करते थे और वे लेखन कार्य में कितने मँझ चुके थे, इसका अनुमान उनके इस पत्र द्वारा लगाया जा सकता है जो उन्होंने प्रोफेसर पर्सिवाल को लिखा था :

परम पूज्य,

मैं पूजा की छुट्टियों में बनारस गया था और केवल सप्ताह पहले ही कलकत्ता लौटा हूँ। आपका कृपा पत्र पाकर हृदय कितना गर्वित हुआ, यह अवर्णनीय है। ऐसा पत्र निःसंदेह आपके, केवल आपके ही तुल्य है। पत्र आद्यांत स्नेहपूर्ण शब्दों से शोभित है। कहते हैं, लेख में मनुष्य का व्यक्तित्व झलकता है, यह उक्ति आपके प्रति अक्षरशः सत्य है।

हम सबको हार्दिक खेद है कि आप मैगजीन के लिए कोई रचना न भेज सके। इस सत्र के प्रथम अंक की मैगजीन की प्रति अलग से सेवा में भेज रहा हूँ। स्वीकार कीजिएगा, अनुरोध है।

आपका परिचित हो सकने के कारण मैं अपने-आपको बहुत सौभाग्यशाली समझता हूँ और आशा करता हूँ कि आप मुझे हृदय से आशीर्वाद देंगे कि मैं पवित्र और पौरुषपूर्ण जीवन बिता सकूँ।

अतीव आदर के साथ,

कृपाकांक्षी
श्यामाप्रसाद मुखर्जी

इस प्रकार पत्रों के माध्यम से उन्हें प्रोफेसर पर्सिवाल के अनुभव एवं उनके विचारों का ज्ञान प्राप्त हुआ। वर्ष 1921 में श्यामाप्रसाद मुखर्जी ने बी.ए. (अंग्रेजी ऑनर्स) भी विश्वविद्यालय में प्रथम आकर उत्तीर्ण किया। उनकी प्रतिभा इसी से पता चलती है कि वे पत्रिका के संपादन के साथ-साथ अपने अध्ययन पर भी विशेष ध्यान देते थे। तभी उन्होंने उसके बल पर बी.ए. में प्रथम स्थान प्राप्त किया। कॉलेज की पत्रिका के संपादन का कार्य करते हुए उन्होंने अपने अनुभव का लाभ उठाते हुए 'बंगवाणी' नामक एक पत्रिका का प्रकाशन आरंभ किया। यह पत्रिका बंगला भाषा की थी, जो बंगाल के विषय में लोगों को जागरूक करती थी। अर्थात् उसमें बंगाल के विषय (क्षेत्रों) से संबंधित लेख रहते थे जो जन-सामान्य की स्थिति आदि को बताते थे।

श्यामाप्रसाद जी अपने अध्ययन एवं पत्रकारिता के क्षेत्र में कार्यरत थे, तभी वर्ष 1922 में इनके पिता ने इनका विवाह कर दिया। इनकी पत्नी का नाम श्रीमती सुधा देवी था। विवाह के पश्चात् भी इनके अध्ययन में कोई व्यवधान उत्पन्न नहीं हुआ। इनका अध्ययन एवं पत्रकारिता का कार्य लगातार चलता रहा। वे बंगवाणी के प्रकाशन के अतिरिक्त कैपिटल नामक पत्र में भी अपने लेख प्रकाशित करवाते रहते थे। साथ ही वे विश्वविद्यालय के कई पदों पर भी कार्य करते रहे। उन्होंने 'फैकल्टी ऑफ आर्ट' के डीन, स्नातकोत्तर शिक्षा समिति के प्रथम विश्वविद्यालय के उपकुलपति के रूप में भी कार्य किया। उन्होंने विश्वविद्यालय में बंगाल के लोगों को बंग भाषा में शिक्षा ग्रहण करने का अवसर प्राप्त करवाया। इसके साथ ही उन्होंने 'बंगभाषा शब्दकोश' बनाया। उन्होंने विश्वविद्यालय में सैनिक शिक्षा से संबंधित पाठ्यक्रम प्रारंभ किया। इस प्रकार शिक्षा के क्षेत्र में डॉ. मुखर्जी ने अनूठे कार्य किए। वर्ष 1924 में उन्होंने कानून की पढ़ाई प्रथम श्रेणी में उत्तीर्ण की। इसी वर्ष उन्हें बहुत बड़ा आघात लगा। वर्ष 1924, मई महीने में उनके पिता सर आशुतोष मुखर्जी का स्वर्गवास हो गया। इससे उनको बहुत क्षति हुई, क्योंकि अथाह ज्ञान एवं अनुभव के सागर पिता उन्हें सदा-सर्वदा के लिए छोड़कर चिरनिद्रा में लीन हो गए थे।

पत्रकारिता में उनकी रुचि स्थायी न रह सकी। उन्होंने वकालत प्रारंभ की। तत्पश्चात् बैरिस्टर बनने इंग्लैंड चले गए। वर्ष 1927 में वहाँ से बैरिस्टर के रूप में वापस आए और वकालत प्रारंभ की। लेकिन उनका मन वकालत से अधिक सामाजिक कार्यों की ओर रहा और उन्होंने वकालत छोड़ दी; तत्पश्चात् वे सार्वजनिक कार्यों की ओर अग्रसर हुए। वर्ष 1929 में उन्होंने औपचारिक रूप से राजनीति के क्षेत्र की ओर अपने कदम बढ़ाए और कोलकाता विश्वविद्यालय के प्रतिनिधि के रूप में काँग्रेस की ओर से विधानसभा के सदस्य बने। वर्ष 1930 में वे स्वतंत्र रूप से प्रतिनिधि चुने गए और शिक्षा के क्षेत्र में कार्यरत रहे। वर्ष 1933 में उनकी पत्नी सुधा देवी का स्वर्गवास हो जाने के कारण उनके कार्यों में थोड़ा व्यवधान पड़ा। उनके दो पुत्र और दो पुत्रियाँ थीं। उनकी माता योगमाया देवी ने सोचा कि श्यामाप्रसाद मुखर्जी का

पुनः विवाह कर दिया जाए। उन्होंने श्यामाप्रसाद जी से इस विषय में बातचीत की, लेकिन पुनर्विवाह के लिए उन्होंने स्वीकृति नहीं दी। उनकी माता ने उनका पुनर्विवाह कराने के लिए बहुत प्रयत्न किया लेकिन श्यामाप्रसाद जी का मन तो देशभक्ति व सामाजिक कार्यों में लगा हुआ था। अतः वे पुनः विवाह के बंधन में नहीं बँधना चाहते थे।

वर्ष 1934 में वे विश्वविद्यालय के उपकुलपति बने। उपकुलपति बनने पर उन्होंने शिक्षा के स्तर को ऊँचा उठाने के लिए कार्य प्रारंभ किया। वे चाहते थे कि जब कोई विद्यार्थी शिक्षा ग्रहण करने के लिए आए तो वह पूर्ण रूप से शिक्षित हो। वास्तव में वह शिक्षा के स्तर को कैसा आकार देना चाहते थे, यह उनके इस वक्तव्य से स्पष्ट हो जाता है जो उन्होंने विश्वविद्यालय के एक समारोह में दिया था–

"हमारा आदर्श है कि हम निम्नतम से लेकर उच्चतम स्तर तक ऐसी शिक्षा की सहज सुविधा दे सकें और साथ ही शिक्षा-पद्धति को भी इस तरीके से बदले कि हमारा शिक्षा का उद्देश्य मूलतः सुसंबद्ध हो। हमारे तरुणों की छिपी हुई प्रतिभाएँ जाग्रत हों और वे त्रिकोणात्मक (बौद्धिक, शारीरिक तथा नैतिक) शिक्षा से ऐसे संपन्न हों कि राष्ट्रीय जीवन के सभी क्षेत्रों, ग्रामों, कस्बों अथवा नगरों में एकनिष्ठ सेवाएँ दे सकें, व्यावसायिक तथा शिल्प-संबंधी शिक्षा का समुचित संविश्लेषण कर सकें और यह बराबर ध्यान में रखें कि कोई भी राष्ट्र अपने युवकों के महज भौतिक लक्ष्यों को आगे रख, मशीनी पुर्जे बनाकर कभी महान नहीं बन सकता। हमारा आदर्श है कि हम अपने शिक्षकों को अधिक-से-अधिक सुविधाएँ तथा अधिकार दे सकें ताकि वे उच्च ज्ञान, पवित्र आचरण तथा स्वतंत्र बुद्धि से विभूषित होकर स्वयं को केवल मार्गदर्शक, ज्ञानवाहक तथा विचारों की दुनिया के मालिक ही न मानते हुए सच्चे, पौरुषमय, प्रामाणिक और देशभक्त नर, नारी, नेता और कार्यकर्ताओं का निर्माता समझें। हमारा आदर्श है कि हम शिक्षा का अपनी संस्कृति और सभ्यता के सारभूत तत्त्वों से पश्चिमी कौशल और ज्ञान के निर्झर से आवश्यक रस-संचय कर उसका संगुम्फन कर सकें। हमारा आदर्श है कि हम अपने विश्वविद्यालयों और शिक्षण-संस्थाओं को राज्य तथा सार्वजनिक सहायता प्राप्त, उदार तथा बौद्धिक एवं प्रगतिशील

विचारों का ऐसा केंद्र बनाएँ जहाँ शिक्षक और विद्यार्थी परस्पर सामंजस्य और सुझाव के वातावरण से मिलें और जहाँ किसी को भी जाति, लिंग, मजहब तथा धार्मिक व राजनीतिक विचारों के कारण किसी भी प्रकार की असुविधा न हो।"

इस प्रकार उन्होंने अपनी योजना स्पष्ट की। साथ ही विश्वविद्यालय में कई नवीन कार्य प्रारंभ किए, जैसे—पूरक परीक्षा, शारीरिक शिक्षा, खेल स्पर्धा आदि। वे युवा वर्ग के विकास पर विशेष ध्यान देते और उन्हें उन्नति के मार्ग पर अग्रसर करते। इसके लिए वे चाहते थे कि सरकार इस ओर ध्यान दें। वे जानते थे कि शिक्षित युवक बेरोज़गार के रूप में घूम रहे हैं। इसलिए वे चाहते थे कि युवाओं को काम मिले। इसके लिए उन्होंने सरकार से प्रार्थना के रूप में कहा—"मुझे युवकों के पुरुषार्थ पर अखंड विश्वास है और मैं बंगाल के विद्यार्थियों के नाम पर सरकार से माँग करता हूँ कि उन्हें जीवित रहने, जीवन का उपभोग करने तथा अपने स्वास्थ्य का विकास करने की सुविधाएँ दी जाएँ, जिससे वे हमारी मातृभूमि के बड़े-से-बड़े हित को पूरा करने में सहायक सिद्ध हों।"

इसके लिए उन्होंने विश्वविद्यालय में व्यावसायिक प्रशिक्षण प्रारंभ किए जिससे युवक आत्मनिर्भर बन सकें।

इस प्रकार उन्होंने अपने अनोखे कार्यों से ख्याति अर्जित की। विश्वविद्यालय की ओर से उनके अनोखे कार्यों को देखते हुए उन्हें 'डॉक्टर ऑफ लॉ' की उपाधि से सम्मानित किया गया। विश्वविद्यालय के कुलपति श्री बरवोर्न ने उन्हें यह उपाधि प्रदान करते हुए कहा था—"यह कोई नहीं कह सकता कि सम्मान हेतु दी गई यह उपाधि श्यामाप्रसाद को इसलिए दी गई है कि वे एक महान पिता के सुपुत्र हैं, अपितु इसलिए कि वे श्यामाप्रसाद हैं और उन्होंने इसे प्राप्त करने की अपूर्व योग्यता दिखलाई है।"

तत्पश्चात् उन्हें अन्य स्थानों पर अन्य प्रकार से सम्मानित किया।

इस प्रकार यह कहा जा सकता है कि उन्होंने जो ख्याति अर्जित की वे उसके अधिकारी थे। उन्होंने यह सम्मान और प्रसिद्धि अपनी योग्यता के बल पर प्राप्त की थी न कि वे अपने पिता के कारण प्रसिद्ध हुए।

हां, यह तो कहा ही जा सकता था कि वे अपने पिता के महान गुणों से लाभांवित अवश्य हुए थे और उन्होंने उन गुणों को अपने जीवन में उतारा भी था। साथ ही उनके अनुसार अनेक महत्त्वपूर्ण कार्य किए। हर क्षेत्र में अपने कदम बढ़ाए और कार्य किया। विशेषकर शिक्षा के स्तर को ऊँचा उठाने, विद्यार्थियों के समुचित विकास आदि के क्षेत्र में महत्वपूर्ण भूमिका निभाई। सभी उनके कार्यों के विषय में जानते थे। जन-जन के मन में उनके लिए सम्मान था। यह वह समय था जब भारतीय स्वतंत्रता के लिए आंदोलन हो रहे थे और सभी अंग्रेजों की गुलामी से मुक्ति पाना चाहते थे। ऐसे में श्यामाप्रसाद मुखर्जी कैसे पीछे रह सकते थे।

•••

3

# सक्रिय राजनीति में बढ़ते कदम

उनकी ख्याति उन्हें राजनीति में ले आई। वैसे 1929 में विधानसभा के सदस्य के रूप में वे औपचारिक रूप से राजनीति में आ गए थे। अब वे राजनीति के क्षेत्र में प्रसिद्धि पाते जा रहे थे। डॉ. श्यामाप्रसाद मुखर्जी कट्टर हिन्दू समर्थक थे। उन्होंने अनुभव किया कि राष्ट्रीय स्वयंसेवक संघ एवं वीर सावरकर हिन्दू समर्थक एवं रक्षक हैं। इसी कारण उनका झुकाव उस ओर हो गया। वर्ष 1940 में उन्हें हिन्दू महासभा का कार्य देखना पड़ा क्योंकि वीर सावरकर इस सभा के अध्यक्ष थे लेकिन उनका स्वास्थ्य उस समय ठीक नहीं चल रहा था। इस कार्य को सुचारु रूप से करने के लिए वे भारत-भ्रमण पर निकले। स्थान-स्थान पर वे सभा कर अपने विचारों द्वारा लोगों को जागरूक करते। लोग उनके विचारों से प्रभावित होने लगे। पूरे देश में उनकी चर्चा होने लगी और वे राजनीति में सक्रिय रूप से चमकते गए।

वे इस बात से बहुत चिंतित थे कि बंगाल में मुस्लिम लीग की स्थिति सुदृढ़ होती जा रही थी क्योंकि उसे ब्रिटिश सरकार का समर्थन प्राप्त था तथा मुस्लिम लीग इसकी आड़ में सांप्रदायिक कार्य कर रही थी। काँग्रेस भी उनके द्वारा किए जाने वाले राष्ट्र-विरोधी कार्यों के प्रति चुप थी। इसी समय 1940 में बंगाल में श्यामाप्रसाद मुखर्जी का महात्मा गांधी से मिलन हुआ। जब गांधी जी को मुखर्जी के हिन्दू महासभा से संबंधित होने की बात ज्ञात हुई तो उन्होंने कहा—"मालवीय जी के बाद हिन्दुओं का नेतृत्व करने वालों की आवश्यकता थी।" यह सुनकर डॉ. श्यामाप्रसाद जी ने कहा—"यदि ऐसा है तो तब आप सांप्रदायिक

कहकर मेरी भर्त्सना करेंगे।" गांधी जी ने प्रत्युत्तर दिया—"समुद्र मंथन के बाद भगवान् शंकर ने जिस प्रकार विषपान कर लिया था, उसी तरह भारतीय राजनीति के विष को पीने के लिए भी किसी की आवश्यकता थी। वह तुम ही पूरी कर सकते हो।"

गांधी जी भी श्यामाप्रसाद जी के व्यक्तित्व से भली-भांति परिचित थे। यह सोचकर गांधी जी ने कहा—"पटेल एक कांग्रेसी है जिसका हृदय हिन्दू का है। तुम एक हिन्दुसभाई हो जिसका हृदय कांग्रेस का है।" मुखर्जी भी उनके शब्द सुनकर उनसे बहुत प्रभावित हुए।

उसी समय बंगाल में मुस्लिम लीग समस्त बंगाल के मुस्लिम प्रांत बनाने की फिराक में थी और वह बंगाल से हिन्दुओं को भगाने की योजना बना रही थी जिसके लिए बंगाल में दंगा-फंसाद हुआ। किंतु श्यामाप्रसाद जी ने अपनी चतुराई से ऐसा कुछ नहीं होने दिया और हिन्दुओं का उत्साहवर्धन किया तथा मुस्लिम लीग की चाल को विफल किया। वर्ष 1941 में बंगाल में श्री फज़ल हक 'प्रजा कृषक' नामक पार्टी के नेता थे। उन्होंने हिंदुओं से मिलकर मंत्रिमंडल बनाया जिसमें डॉ. श्यामाप्रसाद जी अर्थ मंत्री बने। मुस्लिम लीग के कार्य व योजना को विफल करते हुए उन्होंने विधानसभा में 4 दिसंबर के दिन अपने भाषण में कहा—"मैं सरकार तथा इसके समर्थकों से कहना चाहूंगा कि हाथ थामें और इस बिल को आगे न बढ़ाएं। माननीय चीफ मिनिस्टर और सर्व-साधारण जनता शिक्षा-संबंधी किसी भी सर्वसम्मत सुधार का खुलकर स्वागत करेगी। लड़ने की हविश हो तो भी हम बड़े लोग मतभेद के अन्य कई प्रश्नों पर लड़ सकते हैं। किंतु यदि हम दिल से चाहते हैं कि हमारे बच्चे अपेक्षाकृत अच्छी शिक्षा पाएँ तो हम हाथ-से-हाथ मिलाकर क्यों न ऐसे समझौते पर पहुंच जाएं जो उभय पक्ष को मान्य हो।"

उन्होंने बंगाल के हित को ध्यान में रखकर मुस्लिम लीग को पुनः सत्ता में न आने देने का विचार कर फजल हक से हाथ मिलाया था। उस समय बंगाल पर जापानी आक्रमण का खतरा मंडरा रहा था, जबकि भारत सरकार इसके प्रति कुछ नहीं कर रही थी। उन सभी परिस्थितियों को ध्यान में रखकर डॉ. श्यामाप्रसाद जी ने बंगाल में सेना के निर्माण की ओर ध्यान दिलाते हुए बंगाल के गर्वनर सर जॉन हरवर्ट को एक

पत्र लिखकर अपनी बात कही। उन्होंने पत्र में लिखा—"आप गवर्नर जनरल से कहें कि इतना विलम्ब होने पर भी इंग्लैंड और भारतवर्ष में फौरन समझौता हो जाना चाहिए जिससे भारतीय यह महसूस कर सके कि यह सचमुच में जनता का युद्ध है और अगर हमें युद्ध में विजय प्राप्त करनी है तो अविलम्ब ही एक प्रतिनिधि राष्ट्रीय सरकार बनानी चाहिए जो भारत के हितों की दृष्टि से भारतीय प्रतिरक्षा की नीतियों का अधिकारपूर्वक संचालन करे। चीनी लोगों को आखिरी दम तक शत्रु से टक्कर लेने की प्रेरणा केवल चीनी सेनापति च्यांग काई शेक ही दे सका है और आपका देशभाई चर्चिल संकट की स्थिति में शंखनाद कर आप लोगों को आह्वान कर सकता है। परंतु इसके बिल्कुल विपरीत यहाँ सच्ची ताकत उस गैर-ज़िम्मेदार शासन के हाथों में है जिसे हम अपने देशहित के लिए हटाना आवश्यक समझते हुए भी हटा नहीं सकते।"

गृहसेना के विषय में अपनी योजना का प्रसंग देते हुए उन्होंने लिखा—"मैं आपके सम्मुख कई बार यह प्रस्ताव रख चुका हूं कि हमें बंगाल की रक्षा के लिए गृहसेना के निर्माण का अधिकार मिलना चाहिए। संकटपूर्ण परिस्थिति में भी बंगाल में गृहसेना के निर्माण में आपको यह आपत्ति थी कि यह भारतीय सैन्य-नीति के सर्वदा प्रतिकूल है। मेरा उत्तर है कि नीति में भारत के हित का विचार ही सबसे पहले होना चाहिए। नीति के निर्धारण में भारत के हितों को ही प्रमुख प्रेरक बनने दीजिए और यह भारतवासियों को स्वयं सोचने दीजिए कि जिस गह्वर में आपने उन्हें झोंक दिया है, उससे वे कैसे निकलें।"

पत्र के अंत में उन्होंने प्रार्थना की थी—"व्यावहारिक दृष्टि से इसमें कई अड़चनें आएंगी जैसाकि मैं पूर्व निवेदन कर भी चुका हूं, लेकिन मेरी आपसे और आपके द्वारा वाइसराय से यह प्रार्थना है कि इस लाल फीताशाही और प्रशासन के हानिकर शासनतंत्र का मिथ्या मोह त्यागें। आपसे कई बार निवेदन कर भी चुका हूं कि ऐसे कई भारतीय हैं जो नहीं चाहते कि यहां ब्रिटिश शासन बराबर चलता जाए, किंतु भारत का कोई भी सहृदय शुभचिंतक नहीं चाहेगा कि भारत—जापान के अधीनस्थ होकर विदेशी परतंत्रता का नया इतिहास शुरू करे। इंग्लैंड से जहां तक हमारे संबंधों का प्रश्न है, हम प्राय: यात्रा के अंतिम स्थल तक पहुंच

सके हैं। अब यह समझने की आवश्यकता है कि भारत के लाल ही उसके भावी नियामक होंगे। इस वस्तुतथ्य पर आधारित उदार राजनीति ही अपेक्षित है।"

श्यामाप्रसाद मुखर्जी द्वारा लिखित इस पत्र का ब्रिटिश शासकों पर कोई प्रभाव नहीं पड़ा।

वर्ष 1942 में ही भारत छोड़ो आंदोलन प्रारंभ हुआ। ब्रिटिश सरकार इस आंदोलन को दबाने के लिए प्रयास करने लगी; जिसके लिए सभी प्रांतों के गवर्नरों को एक आदेश दिया गया। इधर बंगाल में यह आदेश गवर्नर ने केवल मुख्यमंत्री को बताया और बाकी मंत्रियों से कहा गया कि 'भारत सरकार की पॉलिसी मानो या त्यागपत्र दे दो।' इस प्रकार का आदेश डॉ. श्यामाप्रसाद जी को कैसे स्वीकार हो सकता था। उन्होंने इस आदेश को स्वीकार करने से मना कर दिया और गवर्नर जनरल लॉर्ड लिनलिथगो को एक पत्र लिखा जिसमें उन्होंने अपने विचारों के साथ भारत व इंग्लैंड के मध्य समझौते से संबंधित ठोस सुझाव भी प्रस्तुत किए। उनका वह ऐतिहासिक पत्र इस प्रकार है–

"भारत छोड़ो प्रस्ताव के अनुसार कांग्रेस की जो मांग है वह वस्तुत: पूरे भारत राष्ट्र की ही मांग है। वास्तव में यह खेदजनक बात है कि कुछ विदेशी समाचार–पत्रों ने काँग्रेस की मांग को जापान के लिए निमंत्रण तथा अराजकता के सम्मुख घुटने टेकना कहा है और इस भ्रम का प्रतिपादन किया जा रहा है। यह कोई भी नहीं चाहता कि भारत ऐसे जन आंदोलन में पड़ जाए जिसका परिणाम विशृंखलता तथा अराजकता हो, परंतु यदि ब्रिटिश सरकार ने जनता की इस उचित मांग को अदूरदर्शितापूर्वक ठुकरा दिया तो देश में बहुत बड़ा संकट पैदा होगा जिसकी सारी ज़िम्मेदारी सरकार पर होगी, कांग्रेस पर नहीं।"

दमन–नीति के सम्भावित परिणामों का उल्लेख करते हुए उन्होंने गवर्नर जनरल से प्रार्थना की कि 'संसार की शीघ्र परिवर्तनीय उथल-पुथल को ध्यान में रखते हुए वे भारतीय स्थिति की वास्तविकता को परखें और उचित कदम उठाएं।'

उन्होंने कुछ प्रयोगमूलक सुझाव भी रखे जो इंडो–ब्रिटिश समझौते की सामान्य पृष्ठभूमि बन सकते थे। उनके सुझाव थे–

1. ब्रिटिश सरकार इस बात की घोषणा करे कि भारत की स्वतंत्रता को औपचारिक रूप में मान्यता दे दी गई है।
2. वाइसराय अथवा ब्रिटिश सरकार के किसी भी अन्य प्रतिनिधि को यह अधिकार दिया जाएगा कि वह भारत के राजनीतिक दलों से भारत की राष्ट्रीय सरकार के निर्माण के विषय में, जिसे सत्ता हस्तांतरित होगी, बातचीत करे।
3. इंडियन नेशनल काँग्रेस पूरी शक्ति से जर्मन-जापान गुट से लड़ने की घोषणा करेगी और वह शत्रु से पृथक शांति-संधि नहीं करेगी।
4. भारत की युद्ध-नीति 'एलाइड वार कौंसिल' द्वारा, जिसमें भारत का भी प्रतिनिधित्व होगा, निर्धारित नीति के अनुरूप होगी।
5. कमांडर-इन-चीफ पर ही भारत में युद्ध-नियंत्रण का दायित्व रहेगा और वे 'एलाइड वार कौंसिल' द्वारा निर्धारित नीति का पालन करेंगे। भारत की राष्ट्रीय सरकार एक भारतीय सेना बना सकेगी जिसका उद्देश्य आंतरिक सुरक्षा में सहायता करना और विदेशी आक्रमणों से देश की रक्षा करना होगा।
6. राष्ट्रीय सरकार एक मिली-जुली सरकार होगी। उसमें सभी प्रमुख दलों और पार्टियों के प्रतिनिधि रहेंगे। इसी आधार पर वह प्रांतीय अफसरों का गठन भी करेगी।
7. केंद्रीय और प्रांतीय मंत्रिमंडलों की सदस्यता विधान सभाइयों तक सीमित नहीं रहेगी। उनमें बाहर के ऐसे लोग भी, जिनका देश में कुछ प्रभाव है और जो युद्ध के समय विशेष रूप में सहायक हो सकते हैं, शामिल हो सकेंगे।
8. राष्ट्रीय सरकार भारत के आर्थिक उत्थान और औद्योगीकरण पर अपना ध्यान विशेष रूप से केंद्रित करेगी जिससे युद्ध के चलाने में भारत यथोचित योगदान कर सके।
9. इंडिया ऑफिस बंद कर दिया जाएगा।
10. भावी संविधान के बारे में समय आने पर इंडियन नेशनल गवर्नमेंट एक 'कांस्टीट्यूएंट एसेम्बली' बनाने का प्रयत्न करेगी। ग्रेट ब्रिटेन और भारत के बीच एक संधि होगी जिसमें अल्पमतों के अधिकारों के संबंध में विशेष धाराएँ होंगी। किसी भी अल्पमत दल को यह

अधिकार होगा कि वह अपने न्यायोचित हकों की रक्षा करने के लिए भावी संविधान-संबंधी अपने विकल्प को किसी अंतर्देशीय विचारालय के सामने मध्यस्थता के लिए ले जा सके। भारतीय सरकार और संबंधित अल्पमतीय दल को इस विचारालय का निर्णय मान्य होगा।

पत्र समाप्त करते हुए उन्होंने लिखा कि 'ब्रिटिश राजमुकुट के प्रतिनिधि के बतौर आपको यह अधिकार होना चाहिए कि आप भारतीय समस्याओं पर ब्रिटिश गवर्नमेंट के निश्चित आदेश के अनुसार कार्य कर सकें। अन्य सुझाव भी रखे जा सकते हैं। मुख्य बात यही है कि ब्रिटिश सरकार को बातचीत शुरू करने से पूर्व अपने मन में निर्णय कर लेना चाहिए कि उसे सत्ता हस्तांतरित करनी है।'

एक व्यक्तिगत परिशिष्ट के बाद यह ऐतिहासिक पत्र समाप्त हुआ। उन्होंने वाइसराय को लिखा—"मैं बंगाल के गवर्नर को ब्रिटिश सरकार तथा उसके प्रतिनिधियों द्वारा संकट-काल में अपनाई गई नीति से अपनी असहमति की सूचना दे चुका हूं। मैं आपसे इस विचार से प्रार्थना कर रहा हूँ कि आप मिथ्या सम्मान के अटकाव में न आते हुए इस गतिरोध को सुलझाने के लिए तुरंत कार्यवाही करेंगे। यदि आपका यह विचार हो कि ब्रिटिश सरकार को इस झंझट की सर्वथा उपेक्षा कर निष्क्रिय बने रहना चाहिए, तब मुझे खेदपूर्वक अपने गवर्नर से कहना पड़ेगा कि वह मुझे मंत्रिपद के कार्यभार से मुक्त करे जिससे मैं पूर्ण स्वाधीनता के साथ समझौते की माँग के प्रति लोगों में जागृति उत्पन्न कर सकूं।"

डॉ. श्यामाप्रसाद जी द्वारा इस पत्र एवं सुझाव का कोई प्रत्युत्तर नहीं दिया गया। इससे श्यामाप्रसाद जी ने अपने ही तरीके से कार्य करने की योजना बनाई। इसी वर्ष अक्टूबर 1942 में बंगाल के मिदनापुर नामक ज़िले में भयंकर समुद्री तूफ़ान आया जिसमें लाखों लोग बेघर हो गए। जान-माल का भारी नुकसान हुआ। ज़िले में चारों तरफ लोगों के बाहर-अंदर आने-जाने पर सरकार ने पाबंदी लगा दी। साथ ही किसी भी प्रकार की सहायता देने के बदले वहां अपना दमन चक्र प्रारंभ कर दिया। इससे लोगों में हाहाकार मच गया। यह श्यामाप्रसाद जी से देखा नहीं गया। उन्होंने वहाँ जाकर लोगों को राहत दी। साथ ही वहाँ उपस्थित

अधिकारी को उनके इस शर्मनाक कार्य के लिए लताड़ा। लेकिन उस पर कोई असर नहीं हुआ और वह ब्रिटिश सरकार की नीति के अनुसार कार्य करता रहा। श्यामाप्रसाद जी ने अपने तरीके से पीड़ित लोगों की सहायता की।

इस अत्याचार से उनका मन दुःखी हो गया और उन्होंने मंत्रिमंडल से त्यागपत्र दे दिया। उन्होंने अपना त्यागपत्र देते हुए बंगाल के तत्कालीन गवर्नर सर जॉन हरवर्ट को अपने त्याग पत्र के कारण एवं पीड़ित लोगों के विषय में लिखा–

"त्यागपत्र देने के मेरे दो कारण हैं। पहला, मैंने जैसे आपसे पिछले 9 अगस्त को निवेदन किया था कि मैं देश की वर्तमान राजनीतिक स्थिति के प्रति ब्रिटिश सरकार एवं भारत सरकार के रवैये से असहमत हूं। मैं यह जानता हूं कि एक प्रदेश के गवर्नर के नाते इस पॉलिसी के बनाने में आपका विशेष हाथ नहीं है। परंतु मेरा दूसरा कारण विशेष रूप से आपसे ही संबंध रखता है और मेरी अनुमोदित किंतु दृढ़ राय में आपका वह अप्रत्याशित तरीका है, जिससे आपने मंत्रिमंडल के कार्य में हस्तक्षेप करके प्रांतीय स्वशासन को निरर्थक तमाशा-सा बना दिया है।"

बंगाल के लोगों के दर्द के विषय में उन्होंने लिखा–

"अगर अपने देश को स्वाधीन देखने की आकांक्षा रखना तथा विदेशी प्रभुत्व को हिला देने का प्रयत्न करना अपराध है तो प्रत्येक स्वाभिमानी भारतीय अपराधी है। भारत के हितों के प्रति आपकी सहानुभूति का खोखलापन प्रकट हो चुका है और आप अब हमारी आँखों में और धूल नहीं झोंक सकते। अतएव भारतीय प्रतिनिधियों की यह माँग है कि हमारे देश के राजनीतिक, आर्थिक और सांस्कृतिक सभी क्षेत्रों में स्वयं भारतीयों द्वारा ही शासन नियोजित किया जाए जो अयोग्य गवर्नरों तथा सहानुभूति रहित उच्च कर्मचारियों के निष्ठुर हस्तक्षेप से निर्मुक्त हो।"

इन पत्रों से स्पष्ट हो जाता है कि वे देश के प्रति कितने चिंतित थे। और वे त्यागपत्र देकर स्वतंत्र रूप से देश सेवा में लग गए।

वर्ष 1943 में बंगाल में खाद्य सामग्री की स्थिति बिगड़ती गई और भयंकर अकाल पड़ा। इससे लाखों लोग भूख-प्यास से तड़प कर मरने

लगे। लेकिन ब्रिटिश सरकार के कान पर जूँ तक नहीं रेंगी। तब श्यामाप्रसाद जी आगे आए और इस स्थिति से निबटने के लिए उन्होंने कार्य प्रारंभ किया। इसके लिए उन्होंने बंगाल के प्रतिष्ठित व्यक्तियों की सभा बुलाकर उनसे धन एकत्रित करके अकाल पीड़ितों की सहायतार्थ आगे आने को कहा। श्यामाप्रसाद जी से सभी के भली-भांति परिचित होने एवं उनके कार्यों के विषय में सभी को मालूम होने के कारण उन्हें इस कार्य में कोई कठिनाई नहीं आई और योजना के अनुसार सर बद्रीदास गोयनका की अध्यक्षता में बंगाल रिलीफ कमेटी बनाई गई और अकाल पीड़ितों की सहायता का कार्य प्रारंभ हुआ। उनके इस कार्य से वे सभी और चर्चित हो गए। तत्पश्चात् पूरे देश से उनको सहायता प्राप्त होने लगी और सारे देश से आर्यसमाज, रामकृष्ण मिशन और हिन्दू महासभा; जिसके श्यामाप्रसाद जी प्रधान थे, इनसे जुड़े लोगों ने सहायता राशि प्रेषित करना प्रारंभ कर दिया। प्रेषित धन का सही उपयोग हो; उसको ध्यान में रखकर श्यामाप्रसाद जी ने श्री बद्रीनाथ जी की अध्यक्षता में 'रिलीफ को-आर्डिनेशन कमेटी' स्थापित की और स्वयं इसके उपाध्यक्ष बने।

श्यामाप्रसाद जी के इस प्रकार प्रयत्न करने से अकाल पर जल्दी ही काबू पा लिया गया। लाखों लोगों की ज़िंदगी बचा ली गई; उन्हें पुनर्जीवन जीने की स्थिति में लाया गया।

श्यामाप्रसाद जी के अतिरिक्त न तो सरकार और न ही मंत्रिमंडल की और से कोई इस कार्य में आगे बढ़ा। केवल श्यामाप्रसाद जी के अथक प्रयास द्वारा ही पूरे देश के देशभक्त—बंगाल अकाल पीड़ितों की सहायता के लिए आगे बढ़े।

यह वह समय था जब भारत में ब्रिटिश सरकार ने 'फूट डालो और राजनीति करो' की नीति अपनाई और 'क्रिप्स मिशन' के अंतर्गत ब्रिटिश सरकार ने धर्म को आधार बनाकर भारत के विभाजन का पासा फेंका। इस मिशन का विरोध हुआ लेकिन बाद में कांग्रेस भी इसका समर्थन करने लगी और राष्ट्र विरोधी मुस्लिम लीग भी इसका फायदा उठाने का विचार करने लगी; क्योंकि उसे तो अपना उल्लू सीधा करने के लिए उपयुक्त समय मिल गया था। वह भारत के देशभक्त मुस्लिमों को

अपनी ओर मिलाने के लिए कुचकु रचने लगी। श्यामप्रसाद जी इस बात से अनभिज्ञ नहीं थे। उन्होंने इस खतरे को भांप कर लोगों को इस खतरे के विषय में जाग्रत करने की योजना बनाई।

इसी वर्ष 1943 में अमृतसर में हिन्दू महासभा का अधिवेशन होना था जिसकी अध्यक्षता श्री दामोदर सावरकर जी को करनी थी किंतु उनका स्वास्थ्य ठीक नहीं चल रहा था। अत: श्यामप्रसाद जी को इस अधिवेशन की अध्यक्षता करने का अवसर दिया गया और श्यामाप्रसाद जी के लिए भी यह उपयुक्त अवसर इसलिए था क्योंकि वे इसके माध्यम से लोगों तक अपनी बात पहुंचा सकते थे। उन्होंने इस अधिवेशन में हिन्दू महासभा क्यों? विषय पर अपना भाषण दिया। वह भाषण इस प्रकार था:

"जब तक भारत के प्रशासनिक क्षेत्र में सांप्रदायिक पक्षपात का बोलबाला है और एंग्लो-इंडियन षड्यंत्र का पनपना जारी है, तब तक हिन्दू महासभा को एक क्रियाशील और निर्भीक राजनीतिक संगठन के रूप में आगे बढ़ना है, क्योंकि एकमात्र उसी में हिन्दुओं तथा समग्र रूप से भारत के अधिकारों की रक्षा करने की सामर्थ्य है। जब तक भारत में एक तीसरी पार्टी जीवित है, जब तक ब्रिटिश सरकार से पृष्ठ-पोषण प्राप्त कलहप्रिय, राष्ट्रघातक तथा हिन्दू-विरोधी पार्टी मुस्लिम लीग, मुस्लिम जनता को प्रभावित कर बहुमतों के मूल अधिकारों को हड़पने की योजना बना रही है, तब तक हिन्दुओं को अपना अस्तित्व बनाए रखने के लिए ही अपने अधिकारों और स्वाधीनता की रक्षा करने के लिए अपना राजनीतिक संगठन जरूर ही बनाना चाहिए। हिन्दू महासभा का राजनीतिक लक्ष्य भारत की पूर्ण स्वाधीनता है। अगर आवश्यक हो तो निश्चित सीटें रखी जाएं, वैसे संयुक्त मतदान में ही हिन्दू महासभा का विश्वास है। यह सभा देश के किसी भी भाग में हिन्दुओं के लिए विशेष सुविधाओं की माँग नहीं करती। इसके लक्ष्य और नीतियों में समग्र भारत के कल्याण और अभ्युत्थान की कामना निहित है। हां, अगर ऐसा मंगलमय दिन आए जब भारत के प्रशासनिक क्षेत्र से धर्म तथा सम्प्रदाय-संबंधी पक्षपात दूर हों और सभी पार्टियों का एक ही राष्ट्रीय आदर्श हो, तब हिन्दुओं के लिए संभवत: किसी अलग राजनीतिक

संगठन की आवश्यकता न रहे। यथार्थ से मुंह मोड़ने वाली राजनीति न केवल निरर्थक है अपितु भयावह भी है।"

उन्होंने विभाजन के विषय पर कहा–

"भारत की समस्या को सुलझाने का केवल यही तरीका है कि राजनीति के क्षेत्र से जाति और धर्म-संबंधी विचार-भेद का सर्वथा बहिष्कार किया जाए। हम बिना किसी भेदभाव के सबके लिए समान राजनीतिक अधिकार के हामी हैं। मैं मानता हूं कि कुछ जातियां और वर्ग ऐसी पिछड़ी अवस्था में हैं उनके आर्थिक और शैक्षणिक विकास के लिए विशेष ध्यान दिया जाना चाहिए। स्वयं संविधान में भी विभिन्न वर्गों के धार्मिक, सामाजिक और सांस्कृतिक अधिकारों के संरक्षण की व्यवस्था होनी चाहिए। देशभक्ति कोई बाज़ारू चीज नहीं है जो बाज़ार में बोली देकर खरीदी जा सके। यदि कांग्रेस मुस्लिम लीग का सहयोग प्राप्त करने के लिए अपने सिद्धांतों को तिलांजलि देकर तथा राष्ट्रहितों की अवहेलना करते हुए बोली देना शुरू करेगी तो ब्रिटिश सरकार हर मौके पर उससे अधिक बोली देकर मुस्लिम लीग को अपने साथ मिला सकेगी। आज मुस्लिम लीग ने, जो अब मुसलमानी विचारधारा की एकमात्र प्रतिनिधि समझी जांती है, राजनीतिक समझौते के लिए भारत के टुकड़े-टुकड़े कर देने की माँग खड़ी की। हम इसके विपक्ष में केवल इसलिए नहीं हैं कि हिन्दुओं को जननी-जन्मभूमि को खंडित करने की कल्पना ही असह्य है वरन् इसलिए भी कि यह बंटवारा आर्थिक तथा राजनीति दृष्टि से समग्र भारत के हित में बाधक और संकटप्रद होगा।"

उन्होंने आगे कहा—"यह अच्छी तरह समझ लेना चाहिए कि पाकिस्तान के आधार पर मुस्लिम लीग से समझौता नहीं हो सकता। जब ऐसा कोई शुभ दिन आएगा कि भारतीय प्रशासन के क्षेत्र में से धर्म तथा सम्प्रदाय-संबंधी विचारों को तिलांजलि दे दी जाएगी, और सभी दल एक ही राष्ट्रीय लक्ष्य से अनुप्रेरित होंगे, तब हिन्दुओं को अलग राजनीतिक संस्था की आवश्यकता न रहेगी, परंतु हम यह न भूलें की आज हम कहां हैं? यथार्थ से कटी राजनीति निरर्थक ही नहीं अपितु संकटप्रद भी है।"

अपने इस भाषण से उन्होंने लोगों में उमंग-उत्साह भर दिया और

उन्होंने अमृतसर में जुलूस निकालने की योजना तैयार की। कार्यकर्ता सहर्ष तैयार थे, किंतु ब्रिटिश सरकार की नीति के चलते वहाँ जुलूस नहीं निकलने दिया गया और सबसे बड़ी बात यह हुई कि वहाँ के कुछ नेताओं के उत्साह में कमी के चलते यह योजना पूर्ण न हो सकी।

इसी वर्ष ढाका में हिन्दू-मुस्लिम दंगे भड़क उठे और उन दंगों ने भयंकर रूप ले लिया। इस प्रकार के दंगों की योजना मुस्लिम लीग की थी जिससे वह वहां मुस्लिम प्रदेश बना सके और सारे हिन्दू डरकर वहां से भाग जाएं। मुस्लिम लीग के ऊपर ब्रिटिश सरकार का हाथ था और दंगा करवाने की योजना गुप्त थी जिससे कहीं और यह समाचार न पहुंच सके।

श्यामाप्रसाद जी को किसी प्रकार इन दंगों की सूचना मिली। फिर वे कहां रुकने वाले थे। उन्हें वहां जाने से रोकने के लिए प्रयास भी हुए लेकिन वे किसी प्रकार ढाका पहुंचे और सीधे ढाका के नवाब के महल में पहुंचे। ढाका का नवाब मुस्लिम लीग का प्रधान था। लेकिन श्यामाप्रसाद जी के साहस को देखकर वह भी भौंचक्का रह गया। वहां श्यामाप्रसाद जी ने नेताओं से बातचीत की। स्थिति समझाकर और उनको लेकर दंगाग्रस्त क्षेत्रों में पहुंचे और दंगाइयों को शांत करने का प्रयास प्रारंभ किया।

'पांचजन्य' के अगस्त, 2000 अंक के अनुसार —

"भारत विभाजन की घोषणा होते ही नोआखली (बांग्लादेश) में अराजक तत्त्वों ने हिन्दुओं पर अमानवीय अत्याचार शुरू कर दिए थे। हिन्दू युवतियों को नग्न करके उनके शरीर पर 'पाकिस्तान जिंदाबाद' अंकित कर जुलूस निकालकर उन्होंने राक्षसी प्रवृत्ति का परिचय दिया। जगह-जगह मासूम बच्चों की हत्या कर उनके शवों को उनकी माताओं के शरीर पर डाल दिया। इस प्रकार के समाचार सुनकर डॉ. श्यामाप्रसाद जी नोआखली पहुंचे और नोआखली के प्रमुख हिन्दू नेताओं से मिले। उन्हें साथ लेकर वे एक प्रमुख मुस्लिम नेता के पास पहुंचे तथा निर्भीकता के साथ कहा—"मियां, मैं आज यहां अपनी आँखों से इस बर्बरता के कृत्यों को देखकर आश्चर्यचकित हो उठा हूं। आप सबकी मौन स्वीकृति के बिना ऐसी बर्बरतापूर्ण घटनाएं कदापि नहीं हो सकतीं।

आप यह अच्छी प्रकार समझ लें कि यदि पश्चिमी बंगाल व बिहार के कुछ क्षेत्रों में इन घटनाओं की प्रतिक्रिया होनी शुरू हो गई तो वहां रहने वाले मुसलमानों में से एक भी नहीं बच पाएगा जबकि अब तक हम हिन्दू वहां के मुस्लिमों की सुरक्षा का पूर्ण दायित्व निभा रहे हैं।"

डॉ. मुखर्जी के इन रोष भरे शब्दों को सुनकर वह मुस्लिम नेता स्तब्ध रह गया। वह उनके साथ दंगाग्रस्त क्षेत्रों में पहुंचा। डॉ. मुखर्जी के प्रयास से कई सौ हिन्दू कन्याओं को मुक्त कराकर कोलकाता भेजा गया।

वर्ष 1944 में भारत के विभाजन के विषय में 'ऑल इंडिया आर्यन कांग्रेस' के अधिवेशन की अध्यक्षता करते हुए उन्होंने कहा—"कोई भी व्यक्ति जो भारत की एकता का विध्वंस करना चाहता है या विभाजन का सक्रिय समर्थन करता है, वह देशद्रोह के सबसे बड़े जुर्म का अपराधी है और उसका किसी भी कीमत पर मुकाबला करना चाहिए।"

उन्होंने आर्यसमाज के लोगों को हिन्दुत्व की रक्षा के लिए आगे आने को कहा। उन्होंने आर्यसमाज के लिए कहा—"मनुष्य को कायर बना देने वाली विषाक्त और हीन भावना का मूलोच्छेदन कर लोगों में व्यक्तिगत आत्म-सम्मान, देश के प्रति अक्षुण्ण गौरव, प्रबल मनःस्तत्व तथा देश की संस्कृति और सभ्यता के प्रति अनुराग का उद्रेक कर आर्यसमाज ने भारत की सबसे बड़ी सेवा की है।"

इस समय क्रिप्स मिशन के विरोध के कारण पाकिस्तान की मांग की बात थोड़ी दब-सी गई थी और जिन्ना भी ठंडे पड़ते जा रहे थे लेकिन महात्मा गांधी ने विभाजन से संबंधित सी. आर. दास फार्मूले को बढ़ावा देकर मुहम्मद अली जिन्ना से मिलने की रूपरेखा बनाई। जब श्यामाप्रसाद जी को इस बात का पता चला तो वे स्थिति को समझ गए कि इस प्रकार के कार्य से तो मातृभूमि का बंटवारा निश्चित हो जाएगा।

यही विचारकर उन्होंने महात्मा गांधी के इस प्रकार जिन्ना से न मिलने के लिए प्रार्थना के रूप में एक पत्र प्रेषित किया। जिसमें उन्होंने सारी स्थिति से गांधी जी को अवगत करवाया। उन्होंने गांधी जी को जो पत्र भेजा था, वह इस प्रकार था–

77 आशुतोष मुखर्जी रोड,
कलकत्ता,
19 जुलाई, 1944
प्रिय महात्मा जी,

पत्रवाहक श्री मनोरंजन चौधरी आपके पास बंगाल की स्थिति के संबंध में कुछ नोट और पर्चे लेकर आ रहे हैं। अगस्त, 1942 से राजनीति और खाद्यान्न के प्रश्नों पर बंगाल में जो घटनाएं हुई हैं, ये उन पर प्रकाश डालेंगे। आपके विचारार्थ सभी प्राप्तव्य सामग्री इनके हाथ भेजी जा रही है।

सच तो यह है मिस्टर राजगोपालाचारी द्वारा मिस्टर जिन्ना को दिए गए प्रस्ताव से हमें बहुत क्षोभ हुआ है। हम उचित हिन्दू-मुस्लिम समझौते के लिए बहुत उत्सुक हैं, किंतु श्री राजगोपालाचारी जो रास्ता अपना रहे हैं उससे लक्ष्य-प्राप्ति होगी, हमें विश्वास नहीं। अपने अनुभवों के आधार पर भी आप जानते ही होंगे कि मिस्टर जिन्ना कोई खेल खेलने के इच्छुक नहीं। वे अपने आपको भारतीय नहीं मानते और समग्र भारत की स्वतंत्रता से, जिसके लिए भारतीयों की कई पीढ़ियों ने अपना जीवन समर्पित कर दिया है, उनका कोई संबंध नहीं है। हमारे लिए बंगाल और भारत का संभावित विभाजन घृणास्पद है।

अस्तु! हमें इससे बहुत दुःख हुआ है कि बिना विभिन्न दृष्टिकोण को परखे आप भी उक्त प्रस्ताव से सहमत दिखाई पड़ रहे हैं। हम आपको कांग्रेस से महान् मानते हैं और इस स्थिति में आपकी कोई भी स्वीकृति हम सबके लिए उद्वेगजनक हो जाती है।

बंगाल की विभिन्न राजनीतिक संस्थाओं के बहुत-से लोगों की इस विषय पर जो विचारधारा है, मनोरंजन बाबू आपको उससे अवगत कराएंगे। हमें भय है कि मिस्टर जिन्ना इस प्रस्ताव में अनुचित लाभ उठाते हुए हिन्दुस्तान और तथाकथित पाकिस्तान के क्षेत्रों में और रियायतें लेने की कोशिश करेंगे। उत्पीड़न और उलझन ही जिसका परिणाम होगा। ब्रिटिश सरकार आपके कथनानुसार इसमें हस्तक्षेप नहीं करेगी, क्योंकि उसे अपनी सत्ता से मोह है। मिस्टर जिन्ना भी सक्रिय नहीं होंगे, क्योंकि वे नहीं चाहते कि गतिरोध समाप्त हो, किंतु आपका विभाजन का सिद्धांत मान लेने का प्रस्ताव रहेगा, जिससे हमारी भावी कठिनाइयां और बढ़ेंगी।

मेरा आपसे विनम्र अनुरोध है कि आप अपने निर्णय पर पुनर्विचार कीजिए। यदि मिस्टर जिन्ना और मुस्लिम लीग को आपकी शर्तें मान्य नहीं हैं तो आप उनका अनुमोदन छोड़कर अखंड भारत का समर्थन कीजिए। भारत-विभाजन की किसी भी योजना के विरुद्ध केवल 1942 के 'हरिजन' में आपने अपने विचार स्पष्टतम रूप में रखे थे। आपने ठीक ही लिखा था कि ऐसे किसी प्रस्ताव से हम लोगों में नए झगड़े उत्पन्न होने की आशंका रहेगी।

मेरा विचार है कि आपको भारत की स्वाधीनता के लिए सभी दलों और जातियों के सहयोग से अपनी योजना प्रस्तुत करनी चाहिए। जो लोग अल्पमतों के हितों की पूर्ण सुरक्षा के साथ पूरे भारत की स्वाधीनता के समर्थक हैं, उन्हें इस योजना को लोकप्रिय बनाने का आह्वान करना चाहिए। अनेक मुसलमान आज यह समझ रहे हैं कि पाकिस्तान बनना असंभव और निरर्थक वितण्डावाद है। ब्रिटिश सरकार भी केवल अपनी सुविधानुसार मिस्टर जिन्ना को समर्थन देती है। ऐसे नाजुक समय में आप मिस्टर जिन्ना को, जो केवल मुस्लिम दृष्टिकोण से ही सोचते हैं, पृष्ठ पोषण दे रहे हैं। इससे लीग के इतने मुसलमानों को, जो राष्ट्रीय भावना से प्रेरित होकर भारतीय स्वतंत्रता के लिए संघर्ष करते रहे हैं, जबरदस्त धक्का लगा है।

मुझे आशा है कि जिन प्रांतों में हिन्दू अल्पसंख्यक हैं, आप वहां उनकी शोचनीय परिस्थिति से अवगत होंगे ही। आपका कथन है कि उन शर्तों की स्वीकृति देते समय आपने अपने को एक हिन्दू नहीं अपितु भारतीय माना है। यदि आप एक भारतीय होने के नाते मुसलमानों की माँग का विशेष ध्यान रखकर मिस्टर जिन्ना को खुश करने के लिए तैयार हैं, तब मैं भी एक हिन्दू होने के नाते हिन्दुओं के न्यायोचित और वैध अधिकारों की रक्षा करने के लिए आपसे क्यों न निवेदन करूं? यदि आप एक भारतीय हैं और आपका हिन्दू अथवा मुसलमानों की किसी भी समस्या से संबंध नहीं है, तो आपको अनिवार्यत: मुस्लिम लीग की अवहेलना बिल्कुल कर देनी चाहिए और उन लोगों को सहयोग देना चाहिए जो केवल भारतीय हैं, और कुछ नहीं।

मैं तिलक जयंती के संबंध में पहली अगस्त को पूना आ रहा हूं, वहां तीन दिन ठहरूंगा। इसके पूर्व मनोरंजन बाबू आपके दर्शन करेंगे

और आपने यदि उन्हें मेरे लिए कोई संदेश देने की कृपा की तो मुझे बतलाएंगे। आशा है आप प्रसन्न होंगे।

सद्भावना सहित

भवदीय
श्यामाप्रसाद मुखर्जी

जब वे अगस्त माह में पूना गए, तब वापसी में उन्होंने महात्मा गांधी से भेंट की और स्थिति का पता किया। साथ ही गांधी जी की प्रतिक्रिया जाननी चाही और विभाजन के मुद्दे पर विचार विमर्श किया। गांधी जी ने डॉ. श्यामाप्रसाद जी को कहा था—'मेरे जीते जी भारत का विभाजन नहीं होगा।'

श्यामाप्रसाद जी वापस आ गए, लेकिन उनके मन में शंका बनी रही। वे चाहते थे कि धर्म के आधार पर भारत का विभाजन न हो क्योंकि इससे भविष्य में उत्पन्न होने वाले खतरों को वे भली-भांति जानते थे। विभाजन से होने वाली समस्याओं पर उन्होंने पहले ही विचार कर रखा था कि क्या समस्या आ सकती है।

इस विषय को लेकर वे उधेड़बुन में लगे रहे। उन्होंने अपने मन में विभाजन के प्रश्न पर चल रहे तूफान को हिन्दू महासभा के भाषण में अपने शब्दों के माध्यम से व्यक्त किया। हिन्दू महासभा का इस वर्ष का अधिवेशन बिलासपुर में हुआ। इस अधिवेशन की अध्यक्षता करते हुए उन्होंने अपने अध्यक्षीय भाषण में कहा—"जब मिस्टर जिन्ना का पाकिस्तान का स्वप्न स्वयं उनके कुछ अनुयायियों की आँखों में भी धूमिल हो रहा था और मुस्लिम लीग का प्रभाव दिनों-दिन फीका पड़ रहा था, तब गांधी जी ने सी.आर. फार्मूले का समर्थन कर लीग के मृतप्राय जीवन में नए प्राण का संचार किया। मिस्टर जिन्ना राजाजी की इस योजना को भी अस्वीकार कर और कीमत मांग रहे हैं। गांधी जी तो वायदा कर चुके हैं। यदि हम एक बार यह मान लेते हैं कि भारत के किसी अंचल-विशेष के शासन में इस्लाम के अनुयायियों का उनकी जनसंख्या के अनुपात में हिस्सा हो, तो यह निर्णय किसी एक धर्म को मानने वाली जाति-विशेष तक ही सीमित नहीं रहेगा; अन्य जातियां भी इसकी मांग करेंगी। परिणामस्वरूप देश की शांति और उन्नति नष्ट हो

जाएगी। दूसरी प्रांतीय इकाइयों को स्वाधीनता मिल जाने पर देश परस्पर विरोधी टुकड़ों में बँट जाएगा और केंद्रीय सत्ता निर्वीर्य हो जाएगी।"

उन्होंने आगे कहा—"पाकिस्तानी साम्प्रदायिक समस्या का कोई हल नहीं है। इससे वह और उग्र होगी जिसका परिणाम गृहयुद्ध होगा। हमें इस ओर से आँखें नहीं मूंद लेनी चाहिएं कि पाकिस्तान की लालसा का स्रोत वस्तुतः शासनसत्ता के रूप में इस्लाम की पुनः प्रतिष्ठा करने की इच्छा है। इस इच्छा को तुष्ट करने से निकृष्टतम धार्मिक मदांधता जाग उठेगी और बहुत अनर्थ होगा।"

उन्होंने भारत की सभी राजनीतिक संस्थाओं को पारस्परिक वैमनस्य दूर कर देश को स्वाधीनता और पुनर्निर्माण की आधारभूत ज्वलंत समस्याओं के निमित्त सांझी मांग करने के लिए संयुक्त मोर्चा बनाने का सुझाव दिया। उन्होंने कहा—"संभव है कि इसमें मुस्लिम लीग सम्मिलित न हो, किंतु ऐसे मुसलमान भी तो हैं जो सी. आर. फार्मूले को अपने लिए घातक समझते हैं और जो अल्पसंख्यकों के पूर्ण सुरक्षित अधिकारों के साथ भारतीय राष्ट्रीयता के साथ हैं। भारत की राजनीतिक चातुरी का प्रथम प्रमाण यह होगा कि भारत के सार्वजनिक जीवन के सभी राष्ट्रीय तत्त्वों को एकत्र कर ब्रिटेन के स्थायी साम्राज्यशाही मनसूबों का विरोध करने के लिए अभेद्य राष्ट्रीय मोर्चा बनाया जाए।"

डॉ. श्यामाप्रसाद मुखर्जी का अथक प्रयास कांग्रेस नीति के चलते व्यर्थ रहा।

उधर, ब्रिटेन में सरकार बदली और मिस्टर एटली प्रधानमंत्री बने। एटली ने भारत की स्वतंत्रता की मांग के संबंध में अधिकारियों द्वारा सुझाव प्रेषित किया कि स्वाधीन भारत अपने लिए संविधान बनाने के लिए संविधान सभा बनाए एवं उसके लिए भी सुझाव बताए गए। जिसके अंतर्गत कहा गया कि इस सभा के लिए प्रांतों में चुनाव हों और प्रांत की विधानसभाएं एक सदस्य का चुनाव दस लाख की जनसंख्या पर करे एवं भारत की केंद्रीय सरकार अपने पास चार विषय रखे और अन्य सभी स्वशासित प्रांतों को दिए जाएँ। यदि सभी प्रांतों की इच्छा हो तो वे संयुक्त होकर भारतीय गणराज्य बनाकर अपने अनुसार कार्य करे।

कांग्रेस ने अपनी नीति अपनानी प्रारंभ की और चुनाव की तैयारी प्रारंभ की। कांग्रेस ने पूना में प्रस्ताव पारित कर दिया कि वह भारत के

किसी भी भाग को भारत में विलय के लिए तब तक नहीं कहेगी जब तक उसकी स्वयं की इच्छा न हो। सरदार पटेल इसके विरोध में थे। श्यामाप्रसाद जी कांग्रेस की नीति भली-भांति जानते थे। उन्होंने भी चुनाव के लिए रूपरेखा तैयार की। लेकिन उनके खराब स्वास्थ्य एवं सरदार पटेल के आग्रह पर उन्होंने चुनाव में अपने प्रत्याशी खड़े नहीं किए। चुनाव में श्यामाप्रसाद जी अपने क्षेत्र से बिना किसी विरोध के विधानसभा के लिए चुन लिए गए।

इस चुनाव से मुस्लिम लीग को बहुत लाभ हुआ और उसने पंजाब, बंगाल एवं सिंध प्रांत में अपना बहुमत सिद्ध किया। अब मुस्लिम लीग के इरादे और तेज हो गए। उसने पाकिस्तान निर्माण के लिए जोर-शोर से प्रयास प्रारंभ कर दिया।

मुस्लिम लीग द्वारा सीधी कार्यवाही करने के अंतर्गत वर्ष 1946 के अगस्त माह में बंगाल और कोलकाता में लूटपाट करवा दी गई। कई जगह दंगे-फसाद हुए। उनका उद्देश्य वही था—हिन्दुओं को डराकर बंगाल से भगाना। लेकिन श्यामाप्रसाद जी जैसे नेता के होते उनके मनसूबे पूरे नहीं हो सके। श्यामाप्रसाद जी ने 'हिन्दुस्तान नेशनल गॉर्ड' नाम से एक संगठन बनाया और दंगाग्रस्त क्षेत्रों में जाकर दंगों को रोकने का कार्य प्रारंभ कर मुस्लिम लीग का प्रयास विफल किया।

ऐसी स्थिति की पुनरावृत्ति न हो, उसको ध्यान में रखकर उन्होंने मुस्लिम बहुल पूर्वी बंगाल एवं हिन्दूबहुल पश्चिम बंगाल को अलग-अलग प्रांत के रूप में बनाने के लिए योजना बनाई और इसके लिए लोगों का समर्थन प्राप्त करना प्रारंभ किया। श्यामाप्रसाद का पहले से ही लोगों पर अच्छा प्रभाव था और उनकी हर योजना सफल होती थी। उनकी यह योजना भी पूरी होते देखकर यह मुस्लिम लीग एवं कांग्रेस की गले की हड्डी बन गई। कांग्रेस ने पासा फेंका कि श्यामाप्रसाद जी के इस कार्य से देश का विभाजन हो जाएगा।

मुस्लिम लीग; जिसकी कुदृष्टि संपूर्ण बंगाल पर थी, वह भी श्यामाप्रसाद जी के कार्य की आलोचना करने में जुट गई। श्यामाप्रसाद जी ऐसे विरोध के विषय में पहले से ही जानते थे; उन्होंने मुस्लिम लीग के विरोध को ध्यान में रखकर कहा—"उन्हें इसकी चिंता नहीं क्योंकि अगर उनकी योजना सफल हो गई तो पूर्वी पाकिस्तान एक तरह से खत्म

हो जाएगा। यह सबसे बढ़कर कारण है; जिससे कि बंगाल के हिन्दुओं को अपने मतभेदों और विश्रृंखलक वादों को छोड़कर इस महत्त प्रश्न पर एकमत हो जाना चाहिए।"

श्यामप्रसाद जी ने वर्ष 1947 को 19 मार्च के दिन कांग्रेस के विरोध का भी प्रत्युत्तर देते हुए कहा—"यह मानना गलत है कि मेरे कार्य से पाकिस्तान को समर्थन मिलेगा। पाकिस्तान किसी भी रूप में क्यों न हो, हम उसके विरुद्ध हैं, परंतु भारत को टुकड़े होने से बचाया जा सकता है या नहीं, यह केवल बंगाल के हिन्दुओं पर निर्भर नहीं करता। अगर भारत के हिन्दू तथा राष्ट्रवादी तत्त्व वास्तव में कृतसंकल्प हैं कि भारत का कोई भी अंग उससे विच्छिन्न न हो तो उन्हें बंगाली हिन्दुओं से सबसे अधिक सहायता मिलेगी। दूसरी ओर अगर ब्रिटिश सरकार, मुस्लिम लीग तथा कांग्रेस के परस्पर गठबंधन से बंगाल को भारत से अलग रखने की चेष्टा की गई तो हम बड़े-से-बड़ा बलिदान देकर भी पूर्वी पाकिस्तान की एकता को खत्म कर उसके एक भाग को भारत से मिला देंगे।"

जिन लोगों ने विद्रूप किया कि धर्म के आधार पर बंगाल का विभाजन राष्ट्रीयता के आधारभूत सिद्धांत के प्रतिकूल है, उन्हें ललकारते हुए डॉक्टर श्यामाप्रसाद ने कहा—"कोई भी नहीं चाहता कि धर्म को राजनीति में घसीटा जाए, किंतु हमें शतुर्मुर्ग के समान अपना सिर छिपाकर कटु यथार्थ से आँखें नहीं मूंदनी चाहिएं। धर्म के नाम पर भारत अथवा उसके किसी भाग का बंटवारा इष्ट नहीं है, किंतु जब हम यह देखते हैं कि पूरा बंगाल सांप्रदायिक उन्माद का शिकार बनने जा रहा है और उसकी 45 प्रतिशत जनसंख्या धर्मविशेष को मानने के कारण ही दासता की ओर ले जाई जा रही है, तब यदि हम मांग करें कि हमारे पास एक भूखंड होना चाहिए जहां हम स्वतंत्रचेता होकर रह सकें, तो क्या यह कोई अपराध है?" साथ ही उन्होंने अपने आलोचकों से प्रश्न किया कि क्या कांग्रेस ने स्वयं मुसलमानों के जातीय पृथक्वाद को तुष्ट करने के लिए सिंध का मुम्बई से विभाजन स्वीकार नहीं किया था? हालांकि इससे सिंध के हिन्दुओं को घोर निराशा हुई और उनका भविष्य अंधकारमय हो गया था।

श्यामाप्रसाद जी के इस प्रभावपूर्ण भाषण ने असर दिखाया जिससे

श्यामाप्रसाद को अपनी योजना सफल करने के लिए कांग्रेस ने भी इनकी बात का समर्थन किया। इस बात से मुस्लिम लीग को कष्ट होना निश्चित था।

मुस्लिम लीग परेशान हो उठी। उसे कोई चारा दिखाई नहीं दे रहा था। तब एच.एस. सुहरावर्दी जो कि मुस्लिम लीग के कर्ता-धर्ता थे, ने चाल चली और लोगों को गुमराह कर एक पासा फेंककर संयुक्त स्वतंत्र बंगाल राज्य बनाने का प्रस्ताव रखा। साथ ही कहा कि इसके लिए महात्मा गांधी जी भी तैयार हैं लेकिन श्यामाप्रसाद जी मुस्लिम लीग की इस चाल को भली-भांति जानते थे, इसलिए उन्होंने गांधी जी से भेंट की। गांधी जी ने श्यामाप्रसाद जी को बताया कि वे इस विषय पर अपना मत निश्चित नहीं कर पाए हैं लेकिन इस प्रस्ताव को गहराई से परखना चाहते हैं। और साथ ही कहा कि 'आपका इस विषय में क्या मत है?' इस पर श्यामाप्रसाद जी ने कहा कि 'प्रकटतः मिस्टर सुहरावर्दी ही इस योजना के प्रणेता है, किंतु वास्तव में यह ब्रिटिश व्यावसायिक हितों की दृष्टि से नियोजित की गई है और लॉर्ड माउंटबेटन ने स्वयं सुहरावर्दी को इस प्रस्ताव पर विशेष ध्यान देने के लिए कहा है। प्रश्न तो यह है कि इस संयुक्त स्वतंत्र बंगाल को पाकिस्तान के साथ मिलने से कौन रोक सकता है? मुझे भय है कि सुहरावर्दी मुस्लिम वोटों की अधिकता के कारण इस प्रकार का कोई निर्णय अवश्य स्वीकृत करवा लेंगे।'

अंततः ब्रिटिश सरकार ने भारत को भारत एवं पाकिस्तान में बांट दिया और भारत को वर्ष 1947 में 15 अगस्त के दिन स्वतंत्र कर दिया।

इस तरह कांग्रेस ने भारत की जनता को यह कहते हुए कि विभाजन नहीं होगा; विभाजन होने दिया और बंटवारे में लोगों का इधर-उधर होना एक भयानक त्रासदी के रूप में आज भी लोग याद करते हैं जिसमें कई लोग मारे गए; कई बेघर हुए; इतना रक्तपात हुआ। यह सभी श्यामाप्रसाद जी जैसे देशभक्तों के लिए बड़े दुःख की बात थी। उन्होंने देश का विभाजन न होने देने के लिए भरसक प्रयत्न किया लेकिन उनकी सारी मेहनत व्यर्थ रही और अंततः विभाजन हो ही गया। मुस्लिम लीग को तो जैसे सोने का निवाला ही मिल गया।

•••

# 4

# स्वतंत्र भारत का पहला मंत्रिमंडल

**15** अगस्त, 1947 के दिन भारत को स्वतंत्रता मिलने के पश्चात् राष्ट्रीय सरकार के गठन के लिए भारत का पहला केंद्रीय मंत्रिमंडल बनाया गया। इस मंत्रिमंडल में डॉ. श्यामाप्रसाद जी को उनकी आशा के विपरीत शामिल किया गया। इस प्रकार उन्हें मंत्रिमंडल में उद्योग मंत्री का कार्यभार सौंपा गया और वे स्वतंत्र भारत के प्रथम उद्योग मंत्री बने।

उद्योग मंत्री के रूप में आपने मंत्रिमंडल में ढाई वर्षों तक कार्य किया। भारत में औद्योगिक क्षेत्र में नए आयाम स्थापित करने एवं इस क्षेत्र में प्रगति करने के उद्देश्य को लेकर श्यामाप्रसाद जी ने कार्य प्रारंभ किया।

बैंगलोर का हवाई जहाज़ कारखाना, बिहार में सिंद्री खाद्य बनाने का कारखाना, चितरंजन में रेलवे इंजन का कारखाना डॉ. श्यामाप्रसाद जी की कड़ी मेहनत के फल हैं जो उन्होंने अपने कार्यकाल में स्थापित करवाए। ये कारखाने आज तक भारत की शान के रूप में कार्य कर रहे हैं। इसके अतिरिक्त उन्होंने भारत के औद्योगिक विकास के क्षेत्र में अनेक महत्त्वपूर्ण कार्य किया।

वर्ष 1948 में पाकिस्तान ने अपना कुचक्र चलाकर पूर्वी बंगाल के हिन्दुओं पर अत्याचार प्रारंभ किए, जबकि विभाजन के समय यह शर्त थी कि पूर्वी बंगाल के हिन्दुओं का संरक्षण पाकिस्तान की ही ज़िम्मेदारी है। इसी वर्ष भारत एवं पाकिस्तान के मध्य पहला समझौता कोलकाता में हुआ। यह समझौता पूर्वी एवं पश्चिमी बंगाल के अल्पसंख्यकों से संबंधित था। लेकिन पाकिस्तान तो कुछ और ही मंशा बनाए बैठा था और उसने समझौते को ताक पर रख दिया। इसी वर्ष दिसम्बर माह में

दिल्ली में पुन: समझौता हुआ। इसका विषय भी पूर्ववत् ही था। लेकिन जब मंशा कुछ और हो तथा दिल में खोट हो तो समझौते क्या मायने रखते हैं? पाकिस्तान का फिर वही रवैया रहा। कांग्रेस सरकार भी न जाने कैसे पाकिस्तान के झांसे में आती रही, यह नेहरूजी की कमज़ोरी ही कही जा सकती थी।

वर्ष 1949 में पूर्वी बंगाल में पाकिस्तान ने अपनी बेईमानी का रंग दिखाना प्रारंभ किया। उसने वहां हिन्दुओं को डराना-धमकाना प्रारंभ कर दिया। जिसके चलते वहां हिन्दुओं को अपने बसे-बसाये घर-परिवार उजाड़कर भारत में आना पड़ा। लगभग बीस लाख से अधिक हिन्दू परिवारों को दरबदर होना पड़ा। वहां बचे हुए हिन्दुओं की परेशानी भी कम नहीं थीं। वर्ष 1950 में मुसलमानों ने पाकिस्तान की शह पर हिन्दुओं को कत्ल करना प्रारंभ कर दिया। उन्होंने हज़ारों हिन्दुओं को कत्ल कर दिया। मंदिरों को, देवी-देवताओं की मूर्तियों को तोड़-फोड़ दिया। पाकिस्तान ने अपनी बेईमानी का असली रंग वहां दिखा दिया। हिन्दुओं को वहां से भगाया जाने लगा, कत्ल किया जाने लगा। इस पर श्यामाप्रसाद जी ने इस समस्या को हल करने के लिए पं. जवाहरलाल नेहरू को उपाय सुझाया कि पाकिस्तान से जो भी हिन्दू भगाए जा रहे हैं उन्हें वहां बसाने के लिए सेना के साथ कार्यवाही की जाए और यदि ऐसा नहीं करना हो तो पाकिस्तानी से उन्हें पुन: बसाने के लिए पर्याप्त भूमि ली जाए। लेकिन जवाहरलाल नेहरू तो केवल समझौता करने में लगे थे। वे पाकिस्तान के प्रधानमंत्री लियाकत अली से समझौता करने की तैयारी कर रहे थे। डॉ. श्यामाप्रसाद जी ऐसी कागजी कार्यवाही कई बार देख चुके थे और पाकिस्तान भी समझौतों को ताक पर रखता चला आ रहा था। अत: उन्होंने नेहरू जी को कहा कि 'ऐसी कागजी नीति समाप्त करें क्योंकि पाकिस्तान में जो हिन्दू हैं, उन्हें सुरक्षित रखना हमारी ज़िम्मेदारी बनती है।' लेकिन जवाहरलाल नेहरू तो जैसे उनके बिल्कुल विरोध में थे। उन्होंने उनकी बात नहीं मानी। पंडित जवाहरलाल नेहरू के इस रूखेपन से क्षुब्ध होकर 19 अप्रैल, 1950 को उन्होंने मंत्री पद से त्यागपत्र दे दिया।

त्यागपत्र के बाद उन्होंने संसद में कहा—"जब भारत का बंटवारा

अपरिहार्य हो गया तो मैंने बंग-विभाजन के पक्ष में जनमत बनाने में बहुत जोर लगाया था क्योंकि मुझे भय था कि अगर ऐसा न हुआ तो पूरा बंगाल और संभवत: असम भी पाकिस्तान को दे दिया जाएगा। उस समय इस बात से बिल्कुल अनभिज्ञ होते हुए भी मैं प्रथम केंद्रीय मंत्रिमंडल में सम्मिलित हो गया। दूसरों के साथ मैंने भी पूर्वी बंगाल के हिन्दुओं को यह कहकर बहुत आश्वासन दिया था कि अगर वे भावी पाकिस्तान सरकार के हाथों यातना का शिकार बने; अगर उन्हें नागरिकता के प्राथमिक अधिकारों से वंचित रखा गया; अगर उनके जीवन और सम्पत्ति को खतरा हो तथा मर्यादा पर आँच पहुँचे तो स्वतंत्र भारत की सरकार तथा भारतीय जनता उनके न्यायोचित हितों की रक्षा के लिए कटिबद्ध रहेगी।"

उन्होंने इस वक्तव्य में अपने विचार प्रस्तुत किए और इन विचारों के माध्यम से स्पष्ट किया कि उनके त्यागपत्र देने का क्या कारण है। डॉ. श्यामाप्रसाद जी अब संसद में विरोधी दल के नेता के रूप में थे। त्यागपत्र के पश्चात् वे अपने नए रूप में सबके सामने आए। उनके त्यागपत्र से यदि किसी व्यक्ति को सचमुच दुख हुआ था तो वे थे—सरदार वल्लभभाई पटेल। किंतु उनके तर्कपूर्ण वक्तव्य ने सबको सोचने पर अवश्य बाध्य कर दिया था।

•••

# 5

# जनसंघ : एक नए दल का सूत्रपात

वर्ष 1948 में महात्मा गांधी की हत्या हुई, तब कांग्रेस ने सोचा कि जो दल उसका विरोधी है उसे कमज़ोर करने के लिए क्या कदम उठाए जाएँ? उसकी समझ में नहीं आया कि किसके कार्यों पर प्रतिबंध लगाया जाए? बाद में उसकी इस चाल की चपेट में राष्ट्रीय स्वयं सेवक संघ भी आ गया जबकि राष्ट्रीय स्वयं सेवक का राजनीति से कोई लेना-देना नहीं था।

राष्ट्रीय स्वयं सेवक संघ का जन्म 1925 में विजयादशमी के दिन हुआ था। इसको डॉ. केशव बलिराम हेडगेवार ने प्रस्थापित किया था। जिसका प्रमुख उद्देश्य हिन्दुस्तान में संघ की कार्यपद्धति द्वारा हिन्दू समाज को जाग्रत करना था। अतः यह एक ऐसा संगठन था जो हिन्दुओं को जागृत करके उनके उत्थान के लिए कार्य कर रहा था। इसका राजनीति से संबंध नहीं था। लेकिन इस संघ पर भी प्रतिबंध लगाकर इस संघ के प्रमुख नेताओं को बिना किसी कारण एवं बिना किसी मुकदमे के जेल में डाल दिया गया। लेकिन इसके कार्यकर्ताओं के सत्याग्रह के आगे सरकार को हार माननी पड़ी।

अंततः सरकार के इस तरह के कार्यों को देखते हुए व देश की स्थिति को ध्यान में रखकर संघ द्वारा एक नए दल की आवश्यकता पर विचार किया गया। जिसके लिए पंजाब, हिमाचल प्रदेश, दिल्ली, उत्तर प्रदेश, मध्य प्रदेश, बिहार, राजस्थान आदि प्रांतों से भी लाला हंसराज गुप्ता, महाशय कृष्ण, धर्मवीर आदि कई प्रमुख व्यक्तियों की एक सभा हुई।

इस सभा में डॉ. श्यामाप्रसाद को प्रमुख रूप से आमंत्रित किया गया था। जिसमें श्यामाप्रसाद जी ने एक अखिल भारतीय दल का गठन करने पर अपने विचार प्रस्तुत किए। उनके विचार सर्वसम्मति से माने गए और 'भारतीय जनसंघ' नामक एक अखिल भारतीय दल की नींव रखी गई।

इस दल का नेता चुनने के लिए विचार-विमर्श किया गया जिसमें डॉ. श्यामाप्रसाद मुखर्जी के अतिरिक्त अन्य कोई उपयुक्त पात्र नहीं दिखाई दिया और श्यामाप्रसाद जी से इस ज़िम्मेदारी को उठाने के लिए कहा गया। यह सुनकर डॉ. श्यामाप्रसाद जी ने कहा—"आप लोग मुझे इतनी बड़ी ज़िम्मेदारी सौंप रहे हैं। मैं मातृभूमि के प्रति अपने कर्तव्य को ध्यान में रखते हुए इसे पूरी तरह निभाऊंगा।" यह सुनकर सभी प्रसन्न हुए। इस तरह दिल्ली में 21 अक्टूबर, 1951 को अखिल भारतीय जनसंघ की स्थापना हुई और डॉ. श्यामाप्रसाद मुखर्जी जनसंघ के प्रथम अध्यक्ष बने। श्यामाप्रसाद जी के जीवन का नया मोड़ प्रारंभ हुआ। एक नवजात शिशु की भाँति जनसंघ को पाल-पोसकर उन्नति के मार्ग पर ले जाने की ज़िम्मेदारी उन्हें निभानी थी। उन्होंने पूर्ण लगन एवं मेहनत के साथ अपना कार्य प्रारंभ किया। नेहरू जी इस दल को सांप्रदायिक कहने लगे।

भारतीय जनसंघ का प्रथम अधिवेशन कानपुर में हुआ। इस अधिवेशन में श्यामाप्रसाद जी ने अध्यक्ष के रूप में अपना प्रथम विस्तृत भाषण प्रत्येक क्षेत्र को लेते हुए दिया। उन्होंने भारतीय हिन्दू समाज के लिए कहा—"हमारा दल सभी नागरिकों को समानता देने के लिए कृत संकल्प है, फिर भी हिन्दू समाज के दृढ़ीकरण की आवश्यकता का प्रतिपादन करने में उसे कतई संकोच नहीं होता। साथ ही गर्व के साथ इस बात को स्वीकार करते हुए कि भारतीय संस्कृति और सभ्यता के भव्य प्रासाद की रचना मुख्यतः हिन्दू साधु-संतों और देशभक्तों के परिश्रम, त्याग एवं ज्ञान पर ही की गई है; हमें किसी भी प्रकार की हीन भावना का स्पर्श मात्र भी नहीं होता।"

उन्होंने अपने नए दल भारतीय जनसंघ के बारे में उसकी कार्य प्रणाली आदि पर भाषण में कहा—"कांग्रेसी शासन में बढ़ती हुई तानाशाही की प्रवृत्तियों का एक प्रमुख कारण यह भी है कि देश में

किसी ऐसे सुसंगठित विरोधी दल का अभाव है तो सत्तारूढ़ दल पर स्वस्थ लोकतंत्र के लिए आवश्यक तथा उचित अंकुश के रूप में कार्य करते हुए देश के सामने एक वैकल्पिक सरकार की कल्पना प्रस्तुत कर सके।

विरोध का अर्थ यह कदापि नहीं कि एक उत्तरदायी सरकार के विचाराधीन सभी समस्याओं के प्रति सारहीन तथा विध्वंसात्मक रुख़ अपनाया जाए। इसलिए हम चाहे सरकारी कामों पर टीका-टिप्पणी कर लें, फिर भी हमारा उद्देश्य यह होना चाहिए कि हम सभी समस्याओं को रचनात्मक दृष्टिकोण से लें जिससे हम सर्वसाधारण को जागरूक रख सकें और अपने देश में उत्तम प्रशासन लाने के लिए एक वास्तविक प्रजातांत्रिक ढांचा खड़ा करने में किंचित् सहयोग दे सकें।

जात-पांत तथा धर्म-विषयक भेदभाव से निरपेक्ष होकर हमारे दल के द्वार भारत के सभी नागरिकों के लिए खुले हैं। यह मानते हुए भी कि रीति-रिवाज, धर्म-सम्प्रदाय तथा भाषा की दृष्टि से भारत में अनेक विविधताएं हैं, हम प्रयत्न करेंगे कि सारे भारतीयों में अपने देश पर अगाध श्रद्धा के आधार पर एकता और भ्रातृत्व का संचार हो।

हम जानते हैं कि धर्म और जाति-पांति के आधार पर राजनीतिक अल्मतों को प्रोत्साहन देना संकटपूर्ण होगा, तो भी भारत की विपुल आबादी के सभी वर्गों के लोगों को, जो वास्तव में मातृभूमि के प्रति सच्चा अनुराग रखते हैं, यह आश्वासन दिया जा सकता है कि कानून के अंदर उनकी पूरी सुरक्षा रखी जाएगी और सामाजिक, आर्थिक तथा राजनीतिक सभी मामलों में उनके साथ बराबरी का व्यवहार किया जाएगा। हमारा दल बिना लाग-लपेट के यह आश्वासन देता है।

हमारे दल का विश्वास है कि भारत का भविष्य 'भारतीय संस्कृति' और 'मर्यादा' की उचित प्रतिष्ठा में है। भारत के सच्चे पुत्र और पुत्रियों को इस बात का गर्व होना चाहिए कि उन्हें जो चिरयुगीन पितृव्य मिला है, वह अत्यंत महान और स्थायी है। हमारा यह उत्तरदायित्व है कि हम उसे कलुषित और पतनोन्मुख न होने दें। स्वाधीन भारत का भविष्य भारतीय आदर्शों से प्राणवंत होना चाहिए जो कालांतर में आवश्यकतानुसार परिवर्तित होते जाएं ताकि वर्तमान वैज्ञानिक युग के अनुरूप बन सकें।

हमारी शिक्षा-पद्धति में इसका पर्याप्त आभास होना चाहिए। अतः जब हम धर्म-राज्य अथवा कानूनी शासन का आदर्श रखते हैं तब हम भारतीय संस्कृति की उस उच्चतम परंपरा का ही पालन करते हैं जो सभी लोगों को सच्ची मैत्री और बंधुत्व में आबद्ध करती है।"

गिरती हुई आर्थिक दशा के विषय में उन्होंने कहा—"उनका दल सर्वोदय परिकल्पना के आधार पर सुनियोजित विकेंद्रित राष्ट्रीय आर्थिक योजना का समर्थन करता है। हमारा दल छोटे-छोटे समूहों और उत्पादक समितियों के हाथों आर्थिक सत्ता के केंद्रीयकरण के विरुद्ध है। निजी सम्पत्ति में हस्तक्षेप नहीं किया जाएगा और राष्ट्रीय हितों को ध्यान में रखते हुए निजी उद्योगों को भी यथोचित प्रोत्साहन दिया जाएगा। जनता के हित की दृष्टि से आवश्यक लगने पर राज्य का स्वामित्व और नियंत्रण भी रखा जाएगा। हमारा दल प्रगतिशील-अनियंत्रण के पक्ष में रहेगा। हमारा प्रयत्न होगा कि सामाजिक और आर्थिक शोषण की रोकथाम हो, वितरण उचित और बराबर हो तथा ऐसा वातावरण बना दिया जाए कि सभी लोग उत्पादन-वृद्धि के लिए मिलकर कार्य करें।

भारतीय जनसंघ प्रजातंत्र और नागरिक स्वाधीनता में विश्वास रखता है और यह किसी भी प्रकार के एकतंत्रीय शासन के विरुद्ध है। हम जानते हैं कि प्रत्येक राष्ट्र को अपने नागरिकों की प्रकृति, प्रतिभा और परम्पराओं को ध्यान में रखकर अपनी राष्ट्रीय नीति तथा जीवनदर्शन निश्चित करने का अधिकार होना चाहिए। भारत ने संसार को 'जीओ और जीने दो' का संदेश दिया है। जब तक अपने आदर्शों के अनुसार अपनी जीवन-रचना करने के भारत के अधिकार में मौलिक हस्तक्षेप नहीं होता तब तक कोई कारण नहीं है कि हम अन्य सभी देशों से मैत्रीपूर्ण संबंध न रखें।

भारत को ब्रिटिश राष्ट्रमंडल में रहने के निश्चय पर पुनर्विचार करना चाहिए, क्योंकि ग्रेट ब्रिटेन की नीति पाकिस्तान के प्रति आश्चर्यजनक रूप में पक्षपातपूर्ण रही है।

हमारी धारणा है कि भारत का विभाजन एक मूर्खतापूर्ण दुःखांत घटना है। इससे न तो कोई उद्देश्य पूरा हुआ है और न किसी भी राजनीतिक, आर्थिक अथवा साम्प्रदायिक समस्या को सुलझाने में सहायता मिली है।

हम संयुक्त भारत के आदर्श में विश्वास रखते हैं। हम शांतिपूर्ण तरीकों से उसे प्राप्त करना चाहते हैं। हमें विश्वास है कि दोनों राज्यों के लोग शीघ्र ही यह महसूस करेंगे कि इस एकीकरण से जनता को लाभ पहुंचेगा और इसी से हमारा देश सच्चे अर्थों में शक्ति और स्वाधीनता का दुर्ग बन सकेगा। जब तक पाकिस्तान का अस्तित्व रहेगा, हम उसके प्रति 'जैसे को तैसा' की नीति का प्रतिपादन करेंगे। हम विभाजनजनक समस्याओं से, विशेषकर पाकिस्तान से उजड़कर आने वाले हिन्दुओं की निकासी सम्पत्ति के बारे में, संतोषजनक हल निकालने का विशेष रूप से प्रयत्न करेंगे। इन समस्याओं के प्रति हमारा दृष्टिकोण साम्प्रदायिक बिल्कुल नहीं है। ये समस्याएं प्रमुखतया राजनीतिक व आर्थिक हैं और इन्हें न्यायोचित ढंग से सुलझाने का उत्तरदायित्व दोनों राज्यों, भारत व पाकिस्तान पर है।

मेरी पार्टी यह अनुभव करती है कि इसे यू.एन.ओ. से हटा लेना चाहिए और मत संग्रह का कोई प्रश्न फिर नहीं उठना चाहिए। कश्मीर भारत का एक अविच्छिन्न अंग है और इसके साथ भारत के अन्य किसी भी प्रांत के सदृश ही बर्ताव होना चाहिए।

जिस व्यक्ति ने मुस्लिम साम्प्रदायिकता की वेदी पर भारतीय राष्ट्रीयता का बार–बार हनन किया है, और जो विभाजन के बाद भी पाकिस्तान सरकार की सनकों के सामने लगातार झुकता चला आ रहा है, वही खड़ा होकर दूसरों पर सांप्रदायिकता का दोष लगाए, यह उसके लिए शोभनीय नहीं है। भारत में श्रीमान नेहरू और उनके मित्रों की आगामी चुनाव में मुसलमानों के मत लेने के लिए उन्हें खुश करने की नई रीति के अतिरिक्त और कोई साम्प्रदायिकता नहीं है। आज देश में प्रांतीयतावाद अथवा अन्य प्रकार के श्रेणीय तथा जातीय भेद अवश्य विद्यमान है। आइए, हम परस्पर मिलकर इन बुराइयों का नाश करते हुए सच्चे अर्थों में प्रजातांत्रिक भारत की नींव रखें। श्रीमान नेहरू द्वारा उठाई गई साम्प्रदायिकता की पुकार देश के वास्तविक प्रश्नों को ओट देने के निमित्त ही है। आज देश के सम्मुख भूख, दरिद्रता, शोषण, कुशासन, भ्रष्टाचार, पाकिस्तान के सम्मुख आत्मसमर्पण आदि की भीषण समस्याएँ हैं और जिनकी ज़िम्मेदारी मुख्यतया कांग्रेस और उसकी सरकार पर है।"

अपना भाषण समाप्त करते हुए उन्होंने कहा—"हम पूर्ण विश्वास, आशा और उत्साह के साथ इस मंगलपथ की ओर अग्रसर हो रहे हैं। हमारे कार्यकर्ता बराबर यह ध्यान में रखें कि केवल सेवा और त्याग के बल पर ही वे जनता का विश्वास जीतने में समर्थ हो सकेंगे। हमारे सम्मुख स्वतंत्र भारत के पुनर्जीवन और इसके पुनर्निर्माण का महान् कार्य है। जननी-जन्मभूमि—वर्ग, जाति और धर्म के भेदभाव को छोड़ अपने सभी बच्चों का आह्वान कर रही है। वर्तमान का चित्र अभी कितना ही कलिमापूर्ण क्यों न हो; आने वाले वर्षों में भारत को अपनी भाग्य-रेखा खींचनी है। ईश्वर करे, आगामी चुनाव में हमारे दल का यह प्रतीक 'दीपक'—आशा, एकता, विश्वास और साहस का संचार करता हुआ तमसावृत्त देश का अंधकार दूर करे। हमारी यात्रा अभी शुरू हुई है। सर्वशक्तिमान् प्रभु, हमें गंतव्य पथ पर अविश्रांत चलने की प्रेरणा, शक्ति और धैर्य दे। हम भय और प्रलोभनों के झंझटों से अविचलित रहकर भारत को आध्यात्मिक एवं भौतिक दृष्टि से महान् और शक्तिशाली बनाएं जिससे वह विश्वशांति और समृद्धि की रक्षा में आदर्श रूप में सहायक हो सके।"

उस दिन शाम के समय गांधी मैदान में एक विशाल जनसभा में उन्होंने कहा कि नेताजी सुभाष चंद्र बोस ने इसी दिन, 21 अक्टूबर को, आज़ाद हिन्द फौज का संगठन किया था। उन्होंने आशा प्रकट की कि भारतीय जनसंघ भी आज़ाद हिन्द फौज के समान मातृभूमि के हेतु संघर्ष करता रहेगा। उसी अवसर पर पंडित जवाहरलाल नेहरू की धमकी—"मैं जनसंघ को कुचल दूंगा"—का उल्लेख करते हुए डॉ. श्यामाप्रसाद मुखर्जी ने गर्जना की—"मैं कहता हूं कि मैं दूसरों को कुचलने वाली इस मनोवृत्ति को ही कुचलकर रख दूँगा।"

इस प्रकार श्यामाप्रसाद जी अपने विस्तृत भाषण में अपनी मंशा जताई और जनसंघ के उत्थान में लग गए। वर्ष 1952 में स्वतंत्र भारत में प्रथम आम चुनाव प्रारंभ हुए। जनसंघ मात्र दो माह पुराना ही दल था। उसकी अभी कोई पहचान नहीं बनी थी और आम चुनाव का सामना करना कठिन कार्य था। किंतु डॉ. श्यामाप्रसाद जी ने उत्साहपूर्वक चुनाव की तैयारी प्रारंभ की। उनकी कार्यवाही देखकर जवाहरलाल नेहरू सकपका

गए और जनसंघ के विरोध में प्रचार-प्रसार करने लगे। श्यामप्रसाद जी ने जनसंघ के अंतर्गत देश भर में 742 प्रतिनिधि चुनाव मैदान में उतरे।

नेहरू जी ने उन पर मिथ्या आरोप लगाते हुए उन्हें एवं उनके साथियों को भारत के विभाजन का दोषी कहा। लेकिन सत्यता क्या थी, यह जनता भी जानती थी और फिर श्यामाप्रसाद मुखर्जी तो यह सत्यता जानते ही थे। उन्होंने जवाहरलाल नेहरू के इस मिथ्या आरोपण का प्रत्युत्तर देते हुए कहा—"इस प्रकार का मिथ्यारोपण नेहरू जैसे वरिष्ठ नेता को शोभा नहीं देता है। जब मुझे लगा कि कांग्रेस, मुस्लिम लीग एवं ब्रिटिश सरकार देश को बांटने पर उतारू थी, तब मैंने ऐसा रोकने के लिए पंजाब एवं बंगाल के विभाजन की बात रखी थी। इसके पीछे यह सत्यता थी कि इस प्रकार इन प्रांतों की कुछ भूमि की तो रक्षा की जा सके। ताकि इन दोनों प्रांतों पर पाकिस्तान का कब्जा न हो जाए और यह देश के विभाजन की बात नहीं थी। क्योंकि इसका मुस्लिम लीग एवं कांग्रेस ने, बिना जनमत के स्वयं निर्णय करके जनता को धोखा दिया था।"

जवाहरलाल नेहरू द्वारा उनके दल पर साम्प्रदायिकता का आरोप लगाने के लिए उन्होंने इसका प्रत्युत्तर दिया कि 'अपनी जन्मभूमि से प्रेम करना साम्प्रदायिकता है; दूसरी जातियों को हेय न मानते हुए अपनी जाति से प्रेम करना सांप्रदायिकता है। अगर हमें भारत में रहने वाले तीस करोड़ हिन्दुओं से, जो सहस्र वर्ष की दासता से मुक्त हुए हैं, सहानुभूति है और हम उन्हें एकता के सूत्र में बांधने का प्रयास करते हैं; अगर हम अपनी अवलुप्त मर्यादा को उस विधि से प्राप्त करना चाहते हैं जो हिन्दू धर्म के गतिशील सिद्धांतों से अनुप्राणित है और जिसके प्रतीक स्वामी विवेकानंद हैं, तो मुझे गर्व है कि मैं साम्प्रदायवादी हूं।'

उन्होंने शिमला में एक सभा में कहा—"पं. नेहरू दावा करते हैं कि उन्होंने भारत को जान लिया है, मगर वास्तविक स्थिति यह है कि उन्हें अभी स्वयं अपने मानस को, जिस पर अहिन्दू और अभारतीय संस्कारों का मोटा परदा पड़ा हुआ है, जानना है।"

चुनाव के पश्चात् भारतीय जनसंघ को उसके विरुद्ध कुप्रचार एवं नया दल होने के नाते बहुत कम सफलता मिली। प्रांतीय विधानसभाओं

के लिए पूरे देश में 742 में से जनसंघ के 33 प्रतिनिधि सफल हुए जिनमें से संसद के लिए मात्र तीन सदस्य ही सफल हुए जिनमें से एक श्यामाप्रसाद जी भी थे जो दक्षिणी कोलकाता से चुनावी मैदान में प्रत्याशी थे। कांग्रेस के 364 उम्मीदवार जीते, 125 सीटें विरोधियों के हिस्से में गईं।

विरोधी दल के रूप में कोई भी दल नहीं था क्योंकि विरोधी दल के सदस्यों की संख्या कम-से-कम पचास होनी आवश्यक थी। 28 मार्च को संसद में विरोधी दल की आवश्यकता के लिए कुछ दलों को मिलाकर विरोधी दल बनाने की बात कही गई। श्यामाप्रसाद जी की पार्टी में मात्र तीस सदस्य ही हुए। इस दल को 'नेशनल डेमोक्रेटिक पार्टी' नाम दिया गया था। अंततः किसी विरोधी दल के न होने के कारण लोकसभा अध्यक्ष ने, वह संयुक्त दल जिसमें 25 से अधिक सदस्य थे, उन्हें 'संसदीय गुट' के रूप में घोषित कर दिया।

•••

# 6

# स्वतंत्र भारत द्वारा निर्वाचित लोकसभा का प्रथम सत्र

**प्र**थम आम चुनाव के बाद स्वतंत्र भारत की पहली लोकसभा का गठन होने के बाद 11 मई, 1952 को प्रथम सत्र प्रारंभ हुआ। संसद में जितने भी विरोधी दल थे, उन सभी दलों पर एक तरह से श्यामाप्रसाद जी विरोधी नेता के रूप में सब पर भारी थे; अर्थात् वे विरोधी दल के मुख्य नेता के रूप में थे। इस संसद में पंडित जवाहरलाल नेहरू के समतुल्य कोई था तो केवल डॉक्टर श्यामाप्रसाद जी क्योंकि वे इस प्रकार तर्क प्रस्तुत करते थे कि पंडित नेहरू उनका उत्तर तक नहीं दे पाते थे। इस बात से पंडित नेहरू भी अनभिज्ञ नहीं थे।

संसद की कार्यवाही में श्यामाप्रसाद जी ने भारत की विदेश नीति की प्रशंसा करते हुए कई बार बधाई दी। लेकिन साथ ही पाकिस्तान के संबंध में कांग्रेस सरकार से जो भूलें होती आईं, उनकी कड़ी आलोचना भी की। पं. नेहरू ने भी उनसे कहा था—"श्री मुखर्जी हमारे मंत्रिमंडल में रहे हैं। मैं उनसे निवेदन करूँगा कि वे समय-समय पर हमारी भूलें हमें सुझाते रहें, जिससे देश की उन्नति हो।"

डॉक्टर श्यामाप्रसाद ने लोकसभा में 21 मई, 1952 को अपना प्रथम वक्तव्य देते हुए कहा—

"पिछले दो दिनों से मैं इस सदन को देख रहा हूं और मैंने यह महसूस किया, वैसा सदन के अन्य सदस्यों ने भी किया होगा, कि हम यहां स्वाधीन भारत के मनस्तत्त्वों का दर्शन कर रहे हैं। हम वयस्क

मताधिकार द्वारा भारत के विभिन्न अंचलों से चुने गए प्रतिनिधि नर-नारी हैं और हम विभिन्न विचारधारा तथा विभिन्न दृष्टिकोणों का प्रतिनिधित्व करते हैं, किंतु मैं जानता हूं, सबके हृदयों में एकमात्र यही भावना है कि हम अपनी स्वतंत्रता को किस तरह सार्थक बनाएं और भारत के लाखों प्राणियों के कल्याणार्थ क्रियाशील हों। हम इतिहास का एक महानतम प्रयोग करने जा रहे हैं। हममें से प्रत्येक व्यक्ति को, चाहे वह किसी भी दल अथवा पार्टी का हो, चाहे वह स्वाधीन या पराश्रित हो, देश की समस्याओं के प्रति, पारस्परिक मतवैषम्य को सहन करते हुए एक विशाल दृष्टिकोण लेकर, कठिनाइयों को दूर करने के लिए कटिबद्ध होकर ऐसे निर्णय करने चाहिएं जो देश के हित में हों। अगर हम अपने विचार-वैषम्य में कोई सामंजस्य न ला सकें, अगर यह महान् प्रयोग असफल हुआ, अगर हम पुरानी प्रथा के अनुसार बहुसंख्या की अत्याचारी-वृत्ति को या आत्म-केंद्रित तानाशाही को लेकर चलें, अगर हम यह न समझें कि प्रजातांत्रिक सरकार को सफलतापूर्वक चलाने के लिए विभिन्न दृष्टिकोणों का सामंजस्य एक अत्यावश्यक माध्यम है, अगर ऐसा न हुआ तो इसका परिणाम घोर अव्यवस्था के रूप में होगा। लोग विवशता तथा निराशा की भावनाओं से कुण्ठित होंगे और स्थिति किसी के भी संभाले न संभलेगी।"

श्यामाप्रसाद जी देश में गरीबी की समस्या से अंजान नहीं थे क्योंकि उन्होंने ऐसी अनेक समस्याओं को हल किया था; गरीबों के साथ रहकर काम किया था। इसलिए वे उनकी समस्याओं से भली-भांति परिचित थे। उनके विषय में उन्होंने कहा था—"अभी हमें चालीस रुपए दैनिक मिलते हैं। इसमें से हम स्वेच्छा से दस रुपए दैनिक की कटौती करवा लें और उस रकम को अकाल पीड़ित स्त्रियों और बच्चों के लिए ऐसे घर खोलने के निमित्त व्यय किया जाए जहाँ उन्हें आश्रय व भोजन मिले।"

श्यामाप्रसाद जी ने पं. नेहरू द्वारा लोकसभा में अपने अध्यक्षीय भाषण में सांप्रदायिकता आदि के विषय में दिए गए भाषण के बारे में अपने वक्तव्य में कहा था—"अध्यक्षीय भाषण में नेहरू ने जिस साम्प्रदायिकता, जातिवाद तथा प्रांतीयवाद की निंदा की है तो कांग्रेस पार्टी ने स्वयं चुनाव

जीतने के लिए प्रत्येक सुविधाजनक स्थान पर उसी को बढ़ावा दिया है। यह अत्यंत क्षोभजनक तथ्य है।"

शेख अब्दुल्ला ने एक घोषणा की कि 'भारतीय लोकसभा का कश्मीर रियासत पर कोई अधिकार नहीं है।' यह सरासर राष्ट्र-विरोधी बात थी और यह बात श्यामाप्रसाद जी जैसे देशभक्त कैसे सहन कर सकते थे, इसके विषय में भी उन्होंने अपने वक्तव्य में कहा कि ये बातें राष्ट्र-विरोधी हैं और इस विषय पर अपनी कड़ी आपत्ति जतानी चाहिए जिससे ऐसी प्रवृत्ति को आगे बल न मिले। लेकिन पंडित नेहरू ने इसके प्रत्युत्तर में बस इतना ही कहा था—"मैं कश्मीर के संबंध में डॉ. श्यामाप्रसाद मुखर्जी से अधिक जानता हूं।"

इस पर श्यामाप्रसाद जी ने कहा—"मुश्किल तो यह है कि प्रधानमंत्री संसार भर में किसी भी वस्तु के विषय में किसी से भी अधिक जानते हैं और इसलिए वे किसी का सत्य-परामर्श कभी स्वीकार नहीं करेंगे। इस रवैये के साथ कहीं भी संसदीय काम कैसे चल सकता है? अगर मैं कोई सुझाव दूं तो वे कहते हैं कि मैं तुमसे अधिक जानता हूं। किंतु मैं कुछ सुझाव दूंगा, उनके सम्मुख कुछ दृष्टिकोण रखूंगा। जिन पर उन्हें विचार करना ही होगा। मैं जानना चाहूंगा, वे कहते हैं कि कश्मीरी भारतीय पहले हैं और कश्मीरी बाद में, अथवा वे कश्मीरी पहले हैं और भारतीय बाद में या वे पहले, पीछे और सर्वदा कश्मीरी ही हैं और भारतीय बिल्कुल नहीं है? यह एक बहुत ही महत्त्वपूर्ण बात है जिसका हमें फैसला करना ही होगा।"

श्यामाप्रसाद जी ने अपनी तार्किक बुद्धि का उपयोग कर ऐसा अकाट्य तर्क प्रस्तुत किया कि कोई भी उनके इस तर्क के विरोध में नहीं बोल सका और कश्मीर विषय की गंभीरता को आवश्यक मानना पड़ा।

डॉ. श्यामाप्रसाद जी प्रारंभ से ही विभाजन के विरोधी रहे थे और उनकी तीव्र सोच यह अच्छी तरह से जानती थी कि शेख अब्दुल्ला ने भाषण किस भाषा में कहा और उससे देश की अखंडता को कितना खतरा हो सकता है और यही सोच कर उन्होंने संसद में सभी को इस गंभीरता को समझने पर विवश कर दिया। संसद में एक दिन पूर्वी बंगाल के हिन्दुओं की स्थिति के विषय में पंडित जवाहरलाल नेहरू ने

कहा—"समाचार पत्रों में यह खबर है कि हिन्दू निकल रहे हैं तथापि उनकी संख्या विशेष अधिक नहीं है।"

पं. नेहरू की बातों से स्पष्ट प्रतीत हो रहा था कि वे इस विषय की गंभीरता को भी खानापूर्ति की तरह ले रहे थे लेकिन बंगाल की समस्या को श्यामाप्रसाद जी के अतिरिक्त कौन भली-भांति समझ सकता था? उन्होंने पं. नेहरू से कहा—"नाजुक मौकों पर स्थिति की गंभीरता को महसूस न करने के कारण ही पूर्वी बंगाल के क्षेत्र में अनेक लोगों को अपने जीवन प्रतिष्ठा और सुरक्षा से हाथ धोना पड़ा है, अतः ऐसी गलती पुनः न की जाए।" यह बात सुनकर पंडित नेहरू वाद-विवाद की स्थिति में आ गए और दोनों नेताओं का वाद-प्रतिवाद इस तरह चला।

श्यामाप्रसाद जी की बात सुनकर पंडित नेहरू ने कहा—"क्या मेरा कथन गलत था?"

श्यामाप्रसाद जी बोले—"गलत है। प्रधानमंत्री दूसरों की रिपोर्टों के भरोसे रहने के बजाए...।"

पंडित नेहरू बीच में ही बोले—"अगर मैं सभी तथ्य और आकड़े प्रस्तुत कर दूँ तो?"

यह सुनकर श्यामाप्रसाद जी बोले—"प्रधानमंत्री का वक्तव्य और दृष्टिकोण बिल्कुल गलत है। यह तो वस्तुतथ्य को प्रमाणित करने की बात है। मैं कहता हूँ यह प्रमाण प्रस्तुत करने की बात है? उन्हें सरकारी सूत्रों से कुछ आँकड़े अवश्य प्राप्त हुए होंगे। इसके लिए मैं उन्हें दोष नहीं दे सकता, परंतु यदि एक सदस्य कहता है कि मुझे यह सूचना मिली है कि लोगों का निकास जारी है, तो एक उत्तरदायी प्रधानमंत्री का यह कर्तव्य है कि उठकर कहे कि वे उस पर विचार करेंगे और देखेंगे कि यह कैसे रोका जा सकता है।"

यह सुनकर पंडित नेहरू बोले—"माननीय सदस्य मेरे वक्तव्य को चुनौती दे रहे हैं।"

श्यामाप्रसाद जी ने कहा—"मैं ऐसा नहीं कर रहा हूं।"

पंडित नेहरू ने कहा—"मैं उन्हें उनके कथन को साबित करने की चुनौती देता हूं और मैं अपना कथन साबित करूंगा।"

श्यामाप्रसाद जी ने कहा—"यह चुनौती और प्रति चुनौती का क्रम सत्र भर चलता ही रहेगा।"

श्यामाप्रसाद जी संभवत: यह भली-भांति भांप गए थे कि पं. नेहरू उनकी बात कभी नहीं मानेंगे और इस तरह उन दोनों के मध्य वाद-प्रतिवाद की स्थिति सर्वदा चलती रहेगी और हुआ भी वही। क्योंकि श्यामाप्रसाद जी समस्याओं और परिस्थितियों को ध्यान में रखते हुए अपनी बात रखते थे लेकिन श्री जवाहरलाल नेहरू ने संभवत: यह मन:स्थिति बना ली थी कि श्यामाप्रसाद जी उनकी आलोचना करते हैं अथवा उनके कहे अनुसार नहीं चल रहे हैं। यह बात भी सभी संसद सदस्य स्पष्ट रूप से समझते ही होंगे कि कौन सत्यता की राह पर है और क्या देश हित में है। श्यामाप्रसाद जी जिस प्रकार अपनी नीतियों को लेकर चलते थे, उसी तरह वे उन बातों का कड़ा विरोध करते थे जो देशहित में बाधक हों। उनकी इस विलक्षण योग्यता को सभी भली-भाँति जानते थे और कई कांग्रेसी भी उनकी इस प्रतिभा का सम्मान करते थे। सभी इस बात को भी जानते थे कि केवल वे ही एक ऐसी प्रतिभा हैं जो पंडित नेहरू को उनके ही समक्ष ठोस एवं तर्कयुक्त प्रत्युत्तर देने में सक्षम हैं। यह बात पं. नेहरू भी स्वयं अच्छी तरह जानते थे।

लोकसभा में आम बजट प्रस्तुत किया गया। उस बजट के संदर्भ में श्यामाप्रसाद जी ने 4 जून, 1952 को अपने विचार अपने भाषण में प्रस्तुत किए। उनके द्वारा दिया गया वह महत्त्वपूर्ण भाषण इस प्रकार है–

"कल ही प्रधानमंत्री ने कहा था कि भारत में आने वाले विदेशी, हमारी सरकार ने जो कुछ किया है, उसकी भूरि-भूरि प्रशंसा कर रहे हैं। सरकार ने नि:संदेह कुछ कार्य किया है और इसका श्रेय भी है, किंतु हमें केवल यह नहीं देखना है कि श्रीमती रूज़वेल्ट, श्री बर्ट्रेण्ड रसेल या अन्य किसी भद्र महिला ने हमारे प्रति क्या कहा है हमें यह देखना है कि हमारे अपने लोगों की हमारे प्रति क्या धारणा है। अगर आप लोगों को किसी उचित दर पर खाद्यान्न देने में असमर्थ हैं, अगर हमारी वसुंधरा रोग और दरिद्रता से आक्रांत है, तब सरकार के रूप में आपके अस्तित्व का विलोप हो जाएगा। यह कोई धमकी की बात नहीं है, अपितु यह एक ऐसा प्रश्न है जिस पर दलगत राजनीति से ऊपर उठकर ही विचार करना चाहिए। यदि आप खाद्यान्न समस्या को सुलझाने और जन-साधारण के लिए आर्थिक स्थिरता लाने में असमर्थ रहें तो हमारी

सभी बड़ी-बड़ी योजनाएं धरी-की-धरी रह जाएंगी और कोई उनको याद भी न करेगा। आपको अपनी योजनाओं को फलीभूत बनाने के लिए जनता का पर्याप्त समर्थन प्राप्त न हो सकेगा। अतएव मैं कहता हूँ कि जहाँ तक वर्तमान बजट का प्रश्न है, इससे हमारे कुशल वित्तमंत्री की क्षमता का परितोष चाहे होता हो, किंतु यदि आप किसी ऐसे बजट की कल्पना करते हैं जो आशा और आह्लाद का संदेश देता हो, जिसमें सभी वर्गों के लोगों को समान रूप से त्याग करने की प्रेरणा हो, जिसमें प्राथमिक आवश्यकताओं और अभावों को दूर करने की सुनिश्चित योजना हो, तब यह बजट बुरी तरह फेल हो जाता है।"

इस भाषण के माध्यम से उन्होंने देश में व्याप्त खाद्यान्न समस्या को बताया। साथ ही यह भी कहा कि किसी भी योजना को वास्तविकता में लागू करने के लिए जनता का समर्थन आवश्यक है और यह बात बिल्कुल सही है कि योजनाएँ जनता के लिए होती हैं क्योंकि जनता की उन्नति से सीधा संबंध देश की उन्नति का है और दोनों का साथ आवश्यक है और उनका आपसी तालमेल न होने के कारण कोई भी योजंना होगी, वह धरी की धरी रह जाएगी।

कश्मीर की स्थिति पर डॉ. श्यामाप्रसाद जी बराबर नज़र रखे हुए थे क्योंकि पं. नेहरू अपनी कश्मीर नीति को अपने ढंग से पकड़े बैठे थे। अत: भारतीय जनसंघ ने निर्णय लिया कि देश के मार्गदर्शन के लिए उन्हें कार्य करना चाहिए। यह विचारकर उन्होंने एक प्रस्ताव पारित किया जिसमें कहा गया कि कश्मीर भारत का अविभाज्य अंग है और इसकी रक्षा करना हमारा कर्तव्य है क्योंकि मुस्लिम लीग की पृथकतावादी प्रवृत्तियों ने देश का विभाजन कराया और अब कश्मीर में भी वही हो रहा है। साथ ही 29 जून को कश्मीर दिवस मनाए जाने का आह्वान किया गया। कश्मीर में शेख अब्दुल्ला ने स्वायत्तता के अंतर्गत अलग ध्वज, अलग निर्वाचन संविधान व धारा 370 के अंतर्गत विशेष दर्जे की बात कही थी। इस विषय पर 26 जून, 1952 को श्यामाप्रसाद जी ने लोकसभा में अपने विचार रखे और उनके अंतर्गत कहा था—"देशभक्ति विभाजित नहीं की जा सकती। शेख अब्दुल्ला ने कहा है कि हम दोनों ध्वजों को समान प्रतिष्ठा देंगे, किंतु

यह हो नहीं सकता। यह कोई अर्धांश या बराबरी का प्रश्न नहीं है। यह भारत भर में, जिसमें कश्मीर भी सम्मिलित है, एक ही झंडा लहराने का प्रश्न है। कश्मीर अलग झंडा लेकर एक स्वतंत्र गणराज्य बने, इसका कोई प्रश्न ही नहीं उठता।"

शेख अब्दुल्ला ने यह भी कहा था कि महाराज के पश्चात् अब वे प्रधान हों जो जनता द्वारा निर्वाचित हों। इसके लिए श्यामाप्रसाद ने कहा—"महाराज चले गए हैं, अब उनका यथेच्छाचारी शासन जारी रखने का प्रश्न नहीं है। महाराज संवैधानिक दृष्टि से राज्य के प्रधान की हैसियत से काम करते हैं, लेकिन उनके हाथ अब बिल्कुल बंधे हुए हैं। अगर आप चाहते हैं कि भारत के किसी भी क्षेत्र में अथवा किसी इकाई विशेष के वैधानिक प्रमुख के रूप में भी कोई महाराज न रहे, तो आप इस प्रश्न पर गंभीरतापूर्वक उचित रीति से और संवैधानिक दृष्टि से विचार करें। अगर भारतीय लोकसभा यह चाहती है कि भारत के संविधान में ऐसा संशोधन हो कि भारत भर में कहीं भी कोई महाराज अथवा राजप्रमुख न रहे तो हमें ऐसे प्रमुख प्रस्ताव पर विचार कर लेना चाहिए।"

अनुच्छेद 370 के अंतर्गत पृथक संविधान की बात को लेकर जिस पर काँग्रेस का झुकाव शेख अब्दुल्ला की ओर था; श्यामाप्रसाद जी ने कहा था—"हमें अपने मन में बिल्कुल स्पष्ट रहना चाहिए कि हम क्या चाहते हैं। अगर हम केवल हवा के रुख़ के साथ चलना चाहते हैं और यह कहते हैं कि हम विवश हैं, शेख अब्दुल्ला जो चाहे कर लें, तो कश्मीर भी हाथ से जाता रहेगा।"

उनके इस वक्तव्य ने जादू-सा किया और शेख अब्दुल्ला की नीति जग-जाहिर हो गई। इससे पं. नेहरू ने शेख अब्दुल्ला को दिल्ली आमंत्रित किया लेकिन किसी बहाने को लेकर उन्होंने आमंत्रण अस्वीकार कर दिया। अंतत: 16 जुलाई, 1952 को दिल्ली पहुँचकर उन्होंने नेहरूजी के साथ 24 जुलाई को एक समझौता किया जिसे 'जुलाई समझौता' कहा गया; जिसे पं. नेहरू ने लोकसभा में रखा।

इस प्रकार श्यामाप्रसाद जी ने कश्मीर पर अपनी कार्यकारिणी द्वारा प्रस्तावित कार्य को आगे बढ़ाया और साथ ही 29 जून को कश्मीर दिवस भी मनाया।

संसद में राज्यों के पुनर्गठन के विषय पर राज्यों के भाषा के अनुसार गठन पर चर्चा हुई; जिस पर श्यामाप्रसाद जी ने अपने विचार रखते हुए कहा था—"वस्तुस्थिति के बदतर होने के पहले मैं इस सदन से याचना करता हूं कि इस प्रश्न पर विचार होना चाहिए। शतुर्मुर्ग जैसे आँखें मूँद लेने की नीति रखकर यह सोचने में कि सब ठीक चल रहा है, कोई लाभ नहीं है। अगर आप क़हते हैं कि किसी भी कारण हम प्रांतीय सीमाओं पर पुनर्विचार नहीं करेंगे और अगर यह सरकार की नीति है तो इसकी घोषणा कर प्रतिक्रिया का सामना कीजिए। यदि आपको कांग्रेस की पिछले 35 वर्षों से लगातार की जाने वाली घोषणा के अनुसार प्रांतों का पुनर्गठन करना हो तो इस कार्य को विभिन्न पार्टियों के हाथ में छोड़ने के बजाए स्वयं अपने हाथों में लीजिए। मेरी पं. जवाहरलाल नेहरू से यह प्रार्थना है कि वे मामले को अपने हाथों में लें, एक कमीशन तथा परामर्शदाता नियुक्त करें अथवा संबंधित अंचलों में प्रमुख प्रतिनिधियों की गैर-सरकारी सभा बुलाकर समस्या को हल करने के लिए ऐसा निर्णय करें जो सभी को सहज ही मान्य हो। यह कोई कांग्रेस के पक्ष या विपक्ष की ओर से वाद-विवाद का प्रश्न तो है नहीं। यह तो एक सर्वप्रथम सुलझाने योग्य राष्ट्रीय प्रश्न है, जिसका पार्टी के स्तर पर नहीं अपितु राष्ट्रीय स्तर पर ही समाधान होना चाहिए।"

इस भाषण के अंतर्गत उन्होंने राज्यों के पुनर्गठन के विषय में उत्तम सुझाव प्रस्तुत किया। साथ ही यह भी प्रकट किया कि इस विषय पर कोई ठोस निर्णय एवं नीति द्वारा कार्यवाही की जाए। उनके इस विचार पर पहले तो कोई ध्यान नहीं दिया गया, परंतु कुछ समय पश्चात् कार्यवाही की गई।

गृहमंत्री डॉ. काटजू ने 'निवारक नज़र बंदी विधेयक' प्रस्तुत करने के बाद उसके विषय में कहा—"अज्ञात और प्राय: निराधार संदेह के कारण बिना दोषारोपण अथवा अभियोग के बंदी बनाना प्राकृतिक न्याय तथा सभ्य शासन के सभी नियमों के प्रतिकूल है।" उनके इस विधेयक के विरोध में डॉ. श्यामाप्रसाद जी ने अपने प्रभावशाली भाषण में विधेयक के संबंध में जो तर्क प्रस्तुत किए, डॉ. काटजू भी उनका कोई ठीक उत्तर नहीं दे सके। डॉ. श्यामप्रसाद जी ने डॉ. काटजू से विधेयक

को निराधार बताते हुए उसे वापस लेने के लिए कहा लेकिन डॉ. काटजू पर उन बातों का कोई असर नहीं हुआ। इस पर श्यामाप्रसाद जी ने डॉ. काटजू के लिए कहा—"वे न तो कभी कुछ सीखेंगे, न कुछ स्मरण ही रखेंगे। अपितु सबका घोटाला कर देंगे।"

लोकसभा में नेहरू जी द्वारा जुलाई समझौता प्रस्तुत किए जाने पर श्यामाप्रसाद जी ने उस पर अपने विचार 7 अगस्त को प्रस्तुत किए।

उन्होंने पंडित नेहरूजी से, कश्मीर का वह हिस्सा जो पाकिस्तान के अधिकृत था, उस पर कहा—"यह पाक अधिकृत क्षेत्र संयुक्त राष्ट्र संघ के प्रयत्नों से तो नहीं मिलेगा। हम पाकिस्तान के साथ पत्र-व्यवहार कर शांतिमय ढंग से भी उसे पा नहीं सकते। तात्पर्य यह है कि अगर हम बल-प्रयोग नहीं करेंगे तो कश्मीर से हाथ धो बैठेंगे, परंतु ऐसा हम करेंगे नहीं, क्योंकि हमारे प्रधानमंत्री इसे पसंद नहीं करते। यह वस्तुस्थिति है। क्या हम इसके लिए तैयार हैं? क्या मैं पूछ सकता हूं कि भारत के संविधान को बनाने में शेख अब्दुल्ला का हाथ नहीं है? वे सभा के सदस्य थे, किंतु आज वही विशेष व्यवहार की मांग कर रहे हैं। क्या वे इस संविधान को सारे भारत पर जिसमें 497 अन्य रियासतें भी सम्मिलित हैं, लागू करने के लिए सहमत नहीं थे? यदि यह संविधान उन सबके लिए ठीक है तो कश्मीर के लिए क्यों नहीं?"

इस प्रकार श्यामाप्रसाद जी के इन तर्कों का पं. नेहरूजी के पास प्रत्युत्तर नहीं था। वे इन्हें छोड़ किसी ओर चर्चा में लग गए।

इस तरह उन्होंने प्रथम लोकसभा के प्रथम सत्र में अपनी प्रभावशाली शैली से सभी के हृदय में अपनी जगह बना ली। वे जन-जन के हृदय में अपनी जगह बना चुके थे। साथ ही उनका दल भी उनके साथ प्रगति के पथ पर अग्रसर था। प्रथम सत्र के बाद श्यामाप्रसाद जी के व्यक्तित्व में चार चाँद लग चुके थे। वे प्रमुख विरोधी नेता के रूप में तो थे ही किंतु उन्होंने इस सत्र में यह भी सिद्ध कर दिया था कि पं. नेहरू जो गलतियाँ करते वह केवल श्यामाप्रसाद जी ही सुधार सकते हैं और उन्होंने सरकार को पग-पग पर गलती करने पर चेताया। किंतु उनकी अनुभवी राय को मात्र आलोचना एवं एक विरोधी दल के नेता के वाक्य समझकर नकार दिया जाता। लेकिन यदि उनके तर्कपूर्ण वक्तव्यों पर

कांग्रेस सरकार अमल करती और उनके साथ मिलकर कार्य करती तो यह निश्चित रूप से कहा जा सकता है कि आज देश की स्थिति कुछ और ही होती। देश उन्नति की नई ऊंचाइयों को छू रहा होता लेकिन यह देश का दुर्भाग्य ही रहा।

उसी वर्ष नवम्बर (1952) में लोकसभा का दूसरा सत्र प्रारंभ हुआ। इस सत्र में देश के विकास के लिए पंचवर्षीय योजनाओं का सूत्रपात हुआ और पंचवर्षीय योजना प्रारंभ हुई। देश के विकास के क्षेत्र में यह एक अच्छा कदम था। इस प्रकार की योजना प्रारंभ करने से श्यामाप्रसाद प्रसन्न थे लेकिन पंचवर्षीय योजनाओं के लिए जो प्रारूप तैयार किया गया था, उसमें कमियाँ थीं। श्यामाप्रसाद जी ने उन कमियों को सदन के समक्ष प्रस्तुत किया और साथ ही योजनाओं की सफलता के विषय में भ्रम की स्थिति को बताते हुए उन्होंने अपने वक्तव्य में कहा—"जनता तभी सहयोग कर सकती है, जब सत्तारूढ़ पार्टी, पार्टी के स्तर पर नहीं बल्कि योजना को राष्ट्रीय स्तर पर हाथ में ले। यह न कहा जाए कि हमें जनता का सहयोग चाहिए, कि हमने भारत सेवक समाज बनाया है। वास्तव में आप इसे बेनामी कांग्रेस शो के रूप में बढ़ा रहे हैं। इसे दलगत आधार पर बढ़ने देना गलत है। जनता का सहयोग पाने के लिए कुछ आवश्यक शर्तें पूरी करनी होंगी। अगर आप यह निश्छल आह्वान करते हुए आएंगे कि आप सचमुच ऐसी अर्थनीति बनाना चाहते हैं जिससे केवल कुछ ही लोगों को लाभ न पहुंचे या कृपापात्रों के हित में न होकर अभावग्रस्त दलित लाखों लोगों के हित की होगी जो कागज पर ही नहीं वरन् व्यवहार में होगी। अगर आप जनता के पास ऐसा कोई संदेश ले जाएँगे तो जनता स्वयं आपको सहयोग देगी। हम आपको सहयोग देने के इच्छुक हैं। हम कोई आमने-सामने बैठे हुए एक-दूसरे के शत्रु नहीं हैं। अगर आप देश की हित-कामना करते हैं तो हमारी भावनाएं भी उमड़ती हैं। हम जानते हैं कि देश का विकास होना चाहिए। हम जानते हैं कि बिना आर्थिक स्वाधीनता और सामाजिक समता के राजनीतिक स्वाधीनता निरर्थक और विफल होगी। किंतु हम पार्टी के आधार पर आगे न बढ़ें। हममें सहिष्णुता तथा दूसरे के दृष्टिकोण को सराहने की क्षमता होनी चाहिए। यदि हममें से कोई आपसे सहमत नहीं है तो तत्काल ही यह

न सोच लीजिए कि हम गद्दार हैं, देश के दुश्मन हैं। हम यहाँ देश की सेवा करने के निमित्त ही एकत्रित हैं और इसी भावना से मैं यह सब कर रहा हूँ।"

बजट प्रस्तुत होने के पश्चात उन्होंने अपने भाषण में सत्तारूढ़ दल से कहा कि हमें एक-दूसरे पर कीचड़ उछालने के अनेकानेक अवसर प्राप्त होते रहेंगे। लेकिन अभी यह समय नहीं है कि हम एक-दूसरे पर कीचड़ उछालें क्योंकि यदि हम एक-दूसरे से सहमत होकर कार्य करेंगे तो किसी भी कार्य में उचित एवं न्यायपूर्ण निष्कर्ष पर पहुंचना सम्भव हो सकेगा। श्री एच.एन. मुखर्जी द्वारा प्रस्तुत रेलवे बजट के पश्चात् श्यामाप्रसाद जी अपने विचारों को चितरंजन लोकोमोटिव कारखाने के विषय पर प्रस्तुत कर रहे थे। इसमें उन्होंने कहा—"चितरंजन लोकोमोटिव कारखाने में लोकोमोटिव के सत्तर प्रतिशत से अधिक हिस्सों का निर्माण किया जा सकता है।" यह सुनकर एच.एन. मुखर्जी ने कहा—"वहां पर इंजन तैयार नहीं हो रहे हैं।" उनकी बात सुनकर श्यामाप्रसाद जी ने कहा—"शायद मेरे माननीय मित्र यह नहीं जानते। अभी तक कोई भी देश ऐसा नहीं है जहां इंजन के सौ प्रतिशत हिस्से तैयार किए जाते हों।"

श्री एच.एन. मुखर्जी ने तुरंत कहा—"ऐसे देश हैं।"

इस पर श्यामाप्रसाद जी बोले—"वह देश रूस हो सकता है जिसके विषय में मेरे माननीय मित्र मुझसे अधिक जानते हैं। वास्तव में हमें वस्तुस्थिति की ओर एक रूसी के नहीं, अपितु एक भारतीय के नाते देखना चाहिए।" इस बात को सुनकर श्री एच.एन. मुखर्जी आगे कुछ नहीं कह पाए।

इतने कम समय में श्यामाप्रसाद जी ने अपनी पार्टी को इतना मज़बूत कर लिया था कि निर्वाचन आयुक्त ने उसे देश के चार प्रमुख दलों में एक स्थान पर रखा। उनकी बढ़ती शक्ति से पं. नेहरू खासे परेशान थे, अत: वे भारतीय जनसंघ पर साम्प्रदायिकता का दोष मढ़ते रहते थे। इसी बात को लेकर पं. नेहरू से दो टूक बातें करने का विचार करते हुए डॉ. मुखर्जी ने पूछा कि 'कृपया प्रमाण सहित मुझे बताएँ कि मुझमें और मेरे दल में साम्प्रदायिकता वाली क्या बात है?'

उन्होंने आगे कहा—"प्रधानमंत्री हम सब पर साम्प्रदायिकता का

आरोप लगाते हैं। वे जब किसी युक्ति का उत्तर नहीं दे पाते तो उनके पास एक यही चारा रहता है। इस निराधार दोषान्वेषण से मैं अधीर हो रहा हूं और मैं इस बात के लिए बिल्कुल तैयार हूं कि एक दिन नियत करके इस विषय पर विवाद कर लिया जाए कि देश में साम्प्रदायिकता है या नहीं और यदि है तो इसे कौन-सा राजनीतिक दल बढ़ावा दे रहा है। सरकार अपने इलजाम सामने रखे और हमें उसका उत्तर देने का अवसर मिले। हम इस देश में साम्प्रदायिकता को बिल्वकुल पसंद नहीं करते। हम धर्म अथवा जाति किसी की भी आड़ में यह पसंद नहीं करते कि भारतवासियों का एक फिरका दूसरे फिरके से घृणा करे। हम ऐसे समाज का निर्माण करना चाहते हैं जहां विभिन्न धर्मों के लोग बराबर के नागरिक बनकर रहें और बराबरी के अधिकारों से संपन्न हों।

अगर ऐसा कोई विचार हो कि हम जो कुछ कहते हैं, उसके विपरीत कार्य करते हैं तो इसे परोक्षतया कहने की अपेक्षा आपकी इच्छा हो तो हम सब, जिनके विरुद्ध ऐसे आरोप लगाए गए हैं, निजी रूप में मिलकर निर्णय कर लें। हम इस देश के शत्रु नहीं है। आपसे सहमत न होने के कारण मात्र से हम देशद्रोही नहीं बन गए। कोई व्यक्ति किस पार्टी-विशेष से संबंधित है, यह कोई बड़े महत्त्व की बात नहीं है। हममें से एक व्यक्ति भी यहां राज्य को जान-बूझकर नुकसान पहुंचाने के लिए नहीं बैठा है। इसलिए सरकार यदि कोई आरोप-पत्र लेकर सामने आती है तो यह आवश्यक है कि वह सचमुच का आरोप-पत्र हो और हम एक-दूसरे का दृष्टिकोण समझने की कोशिश कर सकें। हममें मतभेद हो सकता है पर हम परस्पर कीचड़ उछालना छोड़कर सौजन्यतापूर्वक मतभेद को स्वीकार करें। केवल कीचड़ उछालना हमें कहीं नहीं ले जा सकता।"

जम्मू की स्थिति से श्यामाप्रसाद जी कई दिनों से उधेड़-बुन में लगे हुए थे। वहां पर डोगरा लोगों पर अत्याचार बढ़ते जा रहे थे। इन लोगों को वहां से खदेड़ने की साजिश चल रही थी जिससे वे वहां से निकल जाएं। श्यामाप्रसाद जी डोगरा लोगों के नेता से मिले। उनके नेता पं. प्रेमनाथ डोगरा से उन्होंने वहां की सही स्थिति को स्वयं अनुभव किया था और वे उनके दु:खों को भली-भांति जानते थे।

इस विषय पर उन्होंने संसद में अपने भाषण के माध्यम से पंडित जवाहरलाल नेहरू से कहा—"आप डोगरा लोगों का नाश करने में समर्थ नहीं होंगे। मैंने उनमें कुछ को देखा है। वे उत्तम लोग हैं। उन्हें देखकर मेरी आँखें भर आईं। वे अब तक हिंसा के समर्थक नहीं बने हैं। मैंने उन्हें यह परामर्श दिया है कि वे अगर कोई भी आंदोलन अथवा विरोधात्मक प्रदर्शन करना चाहते हैं तो उसे अहिंसा के आधार पर ही करें, और इस तरह आप जनता की सहानुभूति तथा सहयोग भी खो बैठेंगे। यह तो एक नागरिक अधिकार का प्रश्न है; उनके जीवन और मृत्यु का, उनके अस्तित्व का प्रश्न है। उन पर विश्वास कीजिए। मैंने पं. प्रेमनाथ डोगरा को देखा है और मुझे मानने में संकोच नहीं है कि मैं ह्रदय से उनका आदर करता हूं। मुझे जीवन में कई लोगों का सम्पर्क मिला है। कई ऐसे लोग हो सकते हैं जो प्रेमनाथ डोगरा से अच्छे अथवा बुरे अथवा बदतर हों, परंतु वे एक देशभक्त नागरिक और चुंपचाप दुःख सहने वाले हैं। वे एक ऐसे नेता हैं जो अपना संतुलन नहीं खोते हैं। अभी भी प्रधानमंत्री से मेरी प्रार्थना है कि वे बीती बातों को भूलकर बात करें। मैं एक क्षण के लिए भी सरकार को नीचा दिखाने की बात नहीं सोचता, क्योंकि सरकार तो मेरी अपनी ही है जिसे मेरे देशवासियों ने चुना है। यह न तो कोई पारस्परिक हीन भावना जतलाने का प्रश्न है और न ही एक-दूसरे को मात देने की बात है। यह तो एक राष्ट्रीय महत्त्व के प्रश्न को सुलझाने की बात है जिससे गंभीर समस्याएं उत्पन्न हो सकती हैं और भारत के कई भागों की शांति और प्रसन्नता का नाश हो सकता है। मैं प्रधानमंत्री से प्रार्थना करता हूँ कि वे समय रहते स्थिति को संभालने का यत्न करें, कहीं ऐसा न हो कि फिर कभी अवसर न आए।"

इस प्रकार उन्होंने अपने विचारों के माध्यम से एक सच्चे देश भक्त होने का प्रमाण प्रस्तुत किया जो मात्र पद की लालसा नहीं करता था अपितु देश के प्रत्येक कोने में रहने वाले देश के नागरिकों के विषय में सोचता था और उनकी समस्याओं को वह स्वयं की समस्या समझता था। लेकिन पं. जवाहरलाल नेहरू ने तो उनके प्रति अपनी कुछ और ही मनःस्थिति बना रखी थी। वे उनकी बात कभी मानते ही नहीं थे। इसी समय दिल्ली विधानसभा के चार क्षेत्रों के उपचुनाव हुए थे जिसमें

कांग्रेस को असफलता प्राप्त हुई थी और भारतीय जनसंघ को चार में से तीन पर सफलता प्राप्त हुई थी। कांग्रेस ने सफलता प्राप्त करने के लिए अनेक प्रकार के हथकंडे अपनाए थे जो श्यामाप्रसाद जी से छुपे नहीं थे। जब श्यामाप्रसाद जी ने इनकी चर्चा संसद में की तो पंडित नेहरू मानने को तैयार नहीं हुए और चर्चा ने वाद-प्रतिवाद का रूप ले लिया दोनों में गर्मागर्म बहस हुई जो इस प्रकार है–

डॉ. श्यामाप्रसाद जी ने कहा—"प्रधानमंत्री हम पर चाहे कितना ही अविश्वास क्यों न करें और हमारी जन-प्रतिष्ठा के विनाश का प्रयास क्यों न करें। मैं उन्हें बतला दूं कि इस देश पर हमारा भी कुछ प्रभाव है। कुछ दिन पहले ही चुनाव हुए हैं। ये एक दृष्टि से महत्त्वपूर्ण हैं। मैंने स्वयं देखा है कि इन चुनावों में सफलता पाने के लिए सरकारी साधनों का मनमाना उपयोग होता रहा है। प्रधानमंत्री शायद इस बात से अनभिज्ञ हैं कि कितने ही क्षेत्रों में रुपए और शराब का प्रयोग भी किया गया। आप गांधीवाद की चर्चा तो करते हैं...।"

पं. नेहरू—"बड़े अशोभनीय तरीके से यह आरोप लगाया गया है।"

डॉ. मुखर्जी—"मुझे हर्ष है कि प्रधानमंत्री ने इसे अशोभनीय कहा है। ऐसी बातें घटित हों, यह सचमुच अशोभनीय है।"

पं. नेहरू—"क्या यह उचित है कि इस वाद-विवाद के बीच माननीय सदस्य ऐसे आरोप लगाएं? इस तरह के जंगली, अनुत्तरदायित्वपूर्ण तथा निराधार आरोप लगाना माननीय सदस्य के लिए एकदम अशोभनीय है। इससे उनकी पूरी वक्तृता की भावना प्रकट होती है।"

डॉ. मुखर्जी—"ठीक, बहुत ठीक।"

पं. नेहरू—"और उनके पीछे जो मनोवृत्ति और अनुत्तरदायित्व है, वह भी प्रकट है।"

डॉ. मुखर्जी—"उनके मिजाज से देश में शासन करने की इनकी अक्षमता का ही पता चलता है। हम सत्य पर पर्दा डालने का यत्न न करें।"

पं. नेहरू—"मैं माननीय सदस्य से पूछता हूं, उन्हें चुनौती देता हूं कि पैसे और स्त्रियों के विषय में अपने मंतव्य को सिद्ध करें अन्यथा अपने शब्द वापस लें।"

डॉ. मुखर्जी—"मैंने रुपये और शराब का नाम लिया है। मैं नहीं

जानता, स्त्रियों का उपयोग किया गया या नहीं, किंतु मैंने स्त्रियों शब्द का प्रयोग कभी नहीं किया।"

पं. नेहरू—"मैं माननीय सदस्य को इस अनुत्तरदायित्व कथन को सिद्ध करने की चुनौती देता हूं।"

डॉ. मुखर्जी—"संतुलन खो बैठने में कोई लाभ नहीं है।"

पं. नेहरू—"मेरे विचार से तो यह केवल माननीय सदस्य जैसे अधिकार है कि वे संतुलन खोकर ऐसी बात कहें।"

डॉ. मुखर्जी—"यह श्री जवाहरलाल नेहरू का शाश्वत अधिकार है कि वे हमेशा पारा चढ़ा लिया करें और हमारा शाश्वत कर्तव्य है कि हम उनके सम्मुख झुक जाया करें।"

और अंत में वही हुआ जो प्राय: होता था। पंडित नेहरू प्राय: विषय की पूर्ण जानकारी के बिना श्यामाप्रसाद जी से बहस करते थे अत: वे सही तर्क प्रस्तुत नहीं कर पाते थे। लेकिन श्यामाप्रसाद जी जो भी विषय उठाते; उस पर उनकी पूरी पकड़ होती थी। वे ऐसे प्रश्न एवं तर्क प्रस्तुत करते थे जिससे कोई उत्तर देने की स्थिति में नहीं आ पाता था।

श्यामाप्रसाद ने जम्मू की गर्त में जाती स्थिति को ऊपर उठाने का भरसक प्रयत्न किया। लेकिन उनका विरोध इस प्रकार किया गया जैसे यह जन्मसिद्ध अधिकार है कि संसद में विरोधी का विरोध करना आवश्यक हो, चाहे वे देश की प्रतिष्ठा से संबंधित बात कर रहे हों। इस प्रकार समस्या पर कोई विशेष ध्यान नहीं दिया गया और यह समस्या दिन-पर-दिन विकट होती गई।

•••

7

# जम्मू-कश्मीर की समस्या

भारत की स्वतंत्रता के बाद भारत गणराज्य के लिए सरदार वल्लभभाई पटेल जी ने देश की लगभग छह सौ रियासतों में से एक कश्मीर को जब देश में मिलाने के लिए कदम उठाए तो पं. नेहरू ने उन्हें न जाने क्यों ऐसा करने से रोक दिया। पाकिस्तान, कश्मीर के महाराजा हरिसिंह एवं वहाँ के नेता शेख अब्दुल्ला ने भारत के साथ विलय के लिए प्रस्ताव दिया, लेकिन नेहरू जी ने इस विषय पर श्री पटेल को कार्यवाही नहीं करने दी और स्वयं ही इस विषय को अपने हाथों में ले लिया और जनमत द्वारा कश्मीर को भारत में विलय की घोषणा कर दी। यह पंडित नेहरू की पहली भूल थी। तदंतर उन्होंने एक और भूल की कि कश्मीर की समस्या को संयुक्त राष्ट्र संघ में ले गए जिसकी आवश्यकता ही नहीं थी। तत्पश्चात् शेख अब्दुल्ला ने कश्मीर को स्वतंत्र रखने का विचार बना लिया। भारत के संविधान के अंतर्गत उल्लेख है कि कश्मीर भारत के साथ सुरक्षा, यातायात एवं विदेशी मामलों के संबंध में सम्मिलित होता है। यह संविधान बनने तक इन्हीं विषयों के अंतर्गत सम्मिलित हो सका और उस पर कश्मीर के प्रतिनिधियों ने हस्ताक्षर भी किए हैं।

वर्ष 1951 में कश्मीर में विधानसभा के लिए निर्वाचन करवाया गया। जिसमें शेख अब्दुल्ला के दल के लोगों ने सफलता प्राप्त की। जम्मू के अंतर्गत प्रजा परिषद् वाले भी कश्मीर की विधानसभा में भागीदारी करना चाहते थे। इसके लिए उन्होंने अपने आवेदन प्रस्तुत किए। किंतु वे माने नहीं गए। इसके विरोध में उन्होंने अपनी मांग रखी कि कश्मीर की विधानसभा यह प्रस्ताव पारित करे कि कश्मीर भारत का

पूर्ण रूप से अभिन्न अंग है और उनकी यह मांग किसी भी दृष्टिकोण से न तो साम्प्रदायिकता से ओत-प्रोत थी और न ही उसे असंगत कहा जा सकता था लेकिन उनकी माँग को साम्प्रदायिक कहा गया। तब प्रजा परिषद् को यह संशय हुआ कि जम्मू-कश्मीर की विधानसभा भारत से संबंध के मामले में कदम नहीं उठा रही है और इस विषय पर उसकी नियत ठीक नहीं है। अत: उन्होंने यह बात कश्मीरी लोगों को बताई। यहीं से शेख अब्दुल्ला ने प्रजा परिषद् को अवैध घोषित करते हुए उससे लड़ाई-झगड़े की स्थिति उत्पन्न कर दी और प्रजा परिषद् के आंदोलन को रोकने के लिए जम्मू में धारा 50 लागू कर दी जिसके अंतर्गत जुलूस, सभा आदि पर रोक लगा दी गई। लेकिन जब प्रजा परिषद् ने अपने आंदोलन के अंतर्गत जुलूस आदि निकाले तो उन पर लाठियों के साथ गोलियां भी चलाई गईं।

इसी बीच शेख अब्दुल्ला, जिनकी कश्मीर में रुचि बढ़ती जा रही थी, चाहने लगे थे कि अब भारत में कश्मीर का विलय नहीं हो। अत: उन्होंने कई ऐसे वक्तव्य दिए जो उसकी नियत को जाहिर करते थे। उनके मंत्रिमंडल के मिर्जा अफजल बेग ने 24 मार्च, 1952 को विधानसभा में कहा—"जम्मू और कश्मीर रियासत भारतीय संघ के अंतर्गत गणराज्य होगा। जहां तक राज्य के विधान का प्रश्न है, हम उसकी ऐसी रूपरेखा बनाना चाहते हैं कि कश्मीर रियासत अन्य गणराज्यों के समान ही एक गणराज्य हो। हमारी योजना के अनुसार रियासत का अपना राष्ट्रपति होगा; पृथक नेशनल एसेम्बली होगी और पृथक ही न्यायकारिणी होगी।"

इसके बाद 29 मार्च को कश्मीर की विधानसभा में शेख अब्दुल्ला ने कहा—"हम शत-प्रतिशत सर्वसत्तासम्पन्न हैं और कोई भी देश हमारे प्रगति चक्र में बाधा नहीं डाल सकता। न तो भारतीय संसद और न ही कोई और संसद हम पर अधिकार रखती है।"

इसके पश्चात् भी वे अपने भाषणों में इस तरह की अनेक बातें करते रहे। एक सभा में उन्होंने कहा—"जब तक भारत की धरती में साम्प्रदायिकता के पांव जमे हैं, तब तक भारत में कश्मीर का विलय एक सीमित प्रकृति का रहेगा। बहुत-से कश्मीरी यह सोचते हैं कि अगर

पं. नेहरू को कुछ हो गया तो उनका और उनकी पद-मर्यादा का क्या बनेगा। हम नहीं जानते, किंतु यथार्थवादी होने के कारण हमें कश्मीरियों की सभी आकांक्षाओं के लिए तैयार रहना है।"

इस तरह शेख अब्दुल्ला ने धीरे-धीरे रंग बदलना प्रारंभ कर दिया और कश्मीर हाथ से फिसलने लगा। नेहरू जी की नीति व उनकी भूल के कारण कश्मीर की समस्या बढ़ती जा रही थी और जो शेख अब्दुल्ला महाराज हरिसिंह के साथ हाथ फैलाए पाकिस्तान के आक्रमण के बाद कश्मीर के भारत में विलय की प्रार्थना लेकर आए; वे ही शेख अब्दुल्ला मुंह फाड़े कश्मीर को निगलने की रूपरेखा तैयार कर रहे थे और एक तरह से राष्ट्रद्रोही वक्तव्य दे रहे थे।

इसी वर्ष फरवरी 1952 में जम्मू के गवर्नमेंट गांधी मेमोरियल कॉलेज में एक समारोह हुआ जिसमें यह बाध्यता थी कि विद्यार्थियों को नेशनल कांफ्रेंस के ध्वज के आगे शीश झुकाना था। लेकिन यह बात नहीं मानी गई और इसका विरोध होने पर ज़बरदस्ती की गई जिससे यह समारोह उग्र रूप में बदल गया और आंदोलन बन गया। इसके अंतर्गत नेता प्रेमनाथ डोगरा सहित कई लोगों को पकड़कर बंद कर दिया गया। इस आंदोलन से जम्मूं-कश्मीर की वास्तविक स्थिति जन-जन तक पहुंच गई।

[illegible] नें धारा 50 के अंतर्गत आंदोलनों, जुलूसों आदि पर प्रतिबंध लगाकर अत्याचार किया जा रहा था। प्रजा परिषद् की माँग का समर्थन जनसंघ ने किया और जम्मू-कश्मीर सरकार से इस विषय पर वार्ता के लिए कहा गया। साथ ही यह भी कहा गया कि यदि जम्मू-कश्मीर सरकार इस विषय पर कोई कदम नहीं उठाती है तो पूरे देश में इस विषय पर आंदोलन किया जाएगा। जनसंघ ने इसकी पूर्ण ज़िम्मेदारी डॉ. श्यामाप्रसाद को सौंप दी। श्यामाप्रसाद जी ने यह कार्य अपने हाथ में लेते हुए पंडित जवाहरलाल नेहरू एवं शेख अब्दुल्ला से पत्राचार आरंभ किया। उनका वह ऐतिहासिक पत्राचार इस प्रकार है-

श्यामाप्रसाद जी ने अपना प्रथम पत्र जवाहरलाल नेहरू को 1 जनवरी, 1953 को लिखा जिसमें उन्होंने कश्मीर समस्या पर प्रजा परिषद् के सत्याग्रह आदि के विषय में सविस्तार लिखा। वह प्रथम पत्र इस प्रकार था-

77, आशुतोष रोड
कलकत्ता
1 जनवरी, 1953

हमने कानपुर में जनसंघ के अधिवेशन में कश्मीर के विषय पर विचार-विमर्श किया था और सभी की इच्छा थी कि मैं इस पर आपसे और शेख अब्दुल्ला से सीधे विचार-विनिमय करूं। मैं जानता हूं आप इस विषय में हमसे सहमत नहीं हैं, फिर भी मैं इस आशा से आपको लिखने को प्रेरित हुआ हूं कि आप खुले मस्तिष्क से उन लोगों का दृष्टिकोण समझने की कोशिश करेंगे जो आपसे सहमत न हों। यह बहुत आवश्यक है कि जिन परिस्थितियों ने इस आंदोलन को प्रेरणा दी, उनका निष्पक्ष भाव से अध्ययन किया जाए और शीघ्र ही ऐसा शांतिपूर्ण समझौता किया जाए जो इससे सम्बद्ध सभी के लिए न्यायोचित हो।

प्रजा परिषद् के नेताओं और अन्य लोगों ने बारम्बार यह प्रयास किया कि वैधानिक ढंग से कोई शांतिमय समझौता हो जाए। आपको, डॉ. राजेन्द्र प्रसाद, राज्यमंत्री व शेख अब्दुल्ला को पत्र भेजे गए। इनमें से कुछ के साथ साक्षात्कार करने का प्रयत्न भी किया गया, जिनको अधिकतर अवसर ही नहीं दिया गया। समय-समय पर सभाएं होती रहीं और गूढ़ विचार-विनिमय के बाद जनता के समक्ष प्रजा परिषद् तथा इसके समर्थकों के दृष्टिकोण प्रस्तुत किए गए। प्रकटतया संबंधित अधिकारियों ने जनता के इन विचारों पर कोई ध्यान नहीं दिया वरन् इनसे घृणा का व्यवहार किया। दूसरी ऐसी बातों की ओर, जो विवादास्पद थीं; अधिकारियों ने अनावश्यक तत्परता से ध्यान देकर एक संकटप्रद स्थिति पैदा कर दी।

आप और शेख अब्दुल्ला को अब तक यह समझ लेना चाहिए था कि यह आंदोलन बल-प्रयोग अथवा आतंक से नहीं दबेगा। आपने अपने हाल ही में दिए गए भाषणों में एक-दूसरे के विचारों को समझने, सहिष्णुता, सद्भाव व परस्पर समझबूझ के साथ काम करने पर बल दिया है, किंतु जब इन्हें कार्यान्वित करने का अवसर आता है, तब लगता है कि ब्रिटिश शासन को निंदनीय बनाने वाले पुराने तरीके ही कई बार बदतर रूप में प्रयुक्त हो रहे हैं। जम्मू और कश्मीर की समस्या पर

पार्टी की दृष्टि से विचार नहीं करना चाहिए। यह एक राष्ट्रीय समस्या है जिसके लिए एक संयुक्त मोर्चा बनाने का प्रयत्न होना चाहिए।

प्रजा परिषद् की पिछली गतिविधियों का नाम लेकर समस्या की गंभीरता पर पर्दा डालने का प्रयत्न किया गया। इससे काम नहीं चलेगा। मैं आपसे आतुर निवेदन करूंगा कि आप शेष भारत में पड़ने वाले इस आंदोलन के प्रभाव पर विचार करें। जम्मू और कश्मीर की रियासत के मामलों में रुचि लेना बिल्कुल स्वाभाविक और उचित है।

जम्मू के लोग किन्हीं भी परिस्थितियों में जनमत होने अथवा न होने के कारण भारत से अपना संबंध तोड़ने को तैयार नहीं है। विलय के इस मूल प्रश्न को एक बार हमेशा के लिए सुलझाने में जितनी देर होगी, उतनी ही गुत्थियां तथा अशांति की संभावनाएं बढ़ेंगी।

एक बार अगर यह तय हो जाए कि विलय के प्रश्न पर अंतिम निर्णय ले लिया गया है, तब दो बातें देखनी होंगी। पहली बात तो जम्मू और कश्मीर के उस तृतीयांश के विषय में है जिस पर अब पाकिस्तान का अधिकार है। हम इसे कैसे पुनः प्राप्त कर सकते हैं? आपने हमेशा इस प्रश्न की उपेक्षा की है। अब समय आ गया है कि हम सब यह जानें कि आपने इस विषय में क्या करने का विचार किया है। अगर हम अपनी इस खोई धरती को न ले सके तो इसमें राष्ट्र की बड़ी गौरव-हानि और हीनता होगी।

दूसरा प्रश्न इस विषय में है कि जम्मू-कश्मीर का भारत में किस सीमा तक विलय हो। अगर जम्मू के लोग यह मांग करते हैं कि दूसरी रियासतों के समान ही यह विलय हो, तब वे कोई अनुचित या असाधारण बात नहीं करते। राष्ट्रीय भावों से अनुप्राणित उन लोगों की यह सहज इच्छा है।

जम्मूवासियों के मूलभूत प्रश्न का उत्तर 'दबाव' नहीं है। क्या यह माँग करना पैतृक अधिकार नहीं कि उसी संविधान से अनुशासित होंगे जो शेष भारत में व्यवहृत है; इन लोगों का यह नारा, 'एक निशान, एक विधान, एक प्रधान', उनकी देशानुरागपूर्ण भावनाओं की अभिव्यक्ति है जिसके द्वारा वे अपना संघर्ष चला रहे हैं।

वे लोग जो हंसते-हंसते अपना बलिदान कर रहे हैं और यातना सह

रहे हैं, भारत, जम्मू या कश्मीर के शत्रु नहीं हैं। उन्हें पाकिस्तान का मित्र जतलाना बड़ी मूर्खता है।

कृपया मिथ्या गौरव पर ध्यान न दीजिए और न ही ब्रिटिश शासकों के तरीके अपनाइए जो सोचते थे कि जनता के अधिकारों और उनकी स्वाधीनता से संबंध रखने वाले किसी भी मामले को निष्ठुरतापूर्वक दबाकर वे हल कर सकते हैं।

अगर आपकी यह इच्छा हो कि मैं आपसे तथा शेख अब्दुल्ला से प्रत्यक्ष बातचीत करूँ तो सूचित करें, मुझे इससे बड़ी प्रसन्नता होगी।

भवदीय

श्यामाप्रसाद मुखर्जी

10 जनवरी, 1953 को श्यामाप्रसाद जी के इस पत्र का उत्तर देते हुए पं. जवाहरलाल नेहरू ने अपने पत्र में लिखा–

"मैं बिल्कुल तैयार हूं और मुझे विश्वास है कि शेख अब्दुल्ला भी जम्मूवासियों की शिकायत सुनने और यथासंभव उन्हें दूर करने के लिए तैयार हैं, किंतु प्रजा परिषद् की मांगे मूलभूत संवैधानिक प्रश्न हैं जो किन्हीं कारणों से मानी नहीं जा सकतीं। वे एक बड़े कठिन, विवादग्रस्त संवैधानिक प्रश्न को युद्ध द्वारा सुलझाना चाहते हैं। यह सहज ही प्रकट है कि इन तरीकों से वांछित परिणाम नहीं निकल सकता।

आपको यह समझ लेना चाहिए कि मैं जम्मू-कश्मीर के प्रश्न को सुलझाने के लिए उत्सुक हूं, लेकिन यह प्रश्न अब इतना उलझ गया है कि इसे आज्ञा या लोकसभा के कानून द्वारा हल करना कोई हंसी-खेल नहीं है जैसा कि कुछ लोग समझते हैं।

जम्मू-समस्या को हल करने का सीधा तरीका यह है कि पहले यह आंदोलन बिल्कुल बंद दिया जाए और तब शिकायतों पर विचार किया जाए। मुझे आशा है कि आप इस ओर अपने प्रभाव से प्रजा परिषद् का मार्गदर्शन करेंगे।

अगर आप चाहते हों तो मैं आपसे मिलकर प्रसन्न हूंगा, किंतु मैं दस दिनों के लिए बम्बई और कलकत्ता जा रहा हूं।"

एक तरह से पंडित नेहरू ने अपने पत्र में कोई विशेष बात नहीं

कही और इसको टाल-सा दिया। श्यामाप्रसाद जी के इस पत्र का कोई परिणाम नहीं निकला। तब श्यामाप्रसाद जी ने 03 फरवरी, 1953 को पुनः पं. नेहरू को पत्र लिखा जिसमें उन्होंने शेख अब्दुल्ला की कश्मीर नीति पर दिए गए वक्तव्यों आदि के विषय में लिखा। वह पत्र इस प्रकार था–

"आपसे इस विषय में मैं कोई लम्बा पत्र-व्यवहार नहीं करना चाहता, किंतु ये प्रश्न इतने गंभीर हैं कि मुझे आपको दुबारा लिखना पड़ रहा है। आप दोनों के भाषणों में एक बात सांझी है और वह यह है कि जो लोग आपसे सहमत नहीं उन पर आपने गालियों की बौछार की है और उन्हें देशद्रोही तक कहा है। इस बात में आपका अनुकरण करने की मेरी कोई इच्छा नहीं है। क्रोधपूर्ण भाषा से कोई समस्या सुलझ नहीं सकती। यह तो स्पष्ट ही है कि हमारा दृष्टिकोण इस विषय में मेल नहीं खाता। परंतु हमें एक-दूसरे का दृष्टिकोण समझने का प्रयत्न तो करना चाहिए।

मैंने आपके तथा शेख अब्दुल्ला के भाषणों व वक्तव्यों को बड़े ध्यान से पढ़ा है। मुझे दुःख से कहना पड़ता है कि उनमें वास्तविक प्रश्न को टालने का ही प्रयत्न किया गया है। यह अत्यंत अनुचित दोषारोपण है और इस तरह की बातें करके आप शायद अनजाने में ही अपने पक्ष की कमज़ोरी पर आवरण डालना चाहते हैं। हमने राष्ट्रीयता तथा देशभक्ति की उच्च भावनाओं से प्रेरित होकर ही इस समस्या पर विचार किया है। हमारे समाधान में न तो साम्प्रदायिकता की ही गंध है और न यह भारत में विघटन करना चाहता है। मैं आपसे प्रार्थना करता हूं कि आप शांत होकर सोचें कि मुस्लिम साम्प्रदायिकता के विरुद्ध खड़ा होने में आपकी अपनी सफलता के कितने सफल परिणाम हुए हैं।

तथ्यों को ध्यान में रखते हुए आपको निम्नलिखित बातों का फैसला करना होगा–

1. पहला प्रश्न है कि कब और कैसे भारत में जम्मू और कश्मीर रियासत के विलय का अंतिम निर्णय होगा? मेरा अपना सुझाव यह रहा है कि वयस्क मताधिकार से निर्वाचित जम्मू और कश्मीर की संविधान सभा अंतिम विषय को मानते हुए एक प्रस्ताव स्वीकार करे और भारत इस फैसले को अटूट और अंतिम मानकर मान्यता

दे। कृपया इस मामले में स्पष्ट होइए और अगर आपको यह सुझाव स्वीकार्य नहीं है तो कृपया बतलाइए कि इस विषय में आपका विकल्प क्या है?

**2.** हम रियासत का विभाजन नहीं चाहते। आप शायद यह भूल गए हैं कि पाकिस्तान द्वारा जम्मू-कश्मीर रियासत पहले ही खंडित हो चुकी है और वास्तविक प्रश्न तो यह है कि क्या आप और शेख अब्दुल्ला इस विभाजन को मान्यता देना चाहते हैं? कृपया इस प्रश्न को गौण न बनाइए और भारत की जनता को यह जानने दीजिए कि क्या हम अपनी पवित्र धरती के उस खंड को पुनः प्राप्त करेंगे या नहीं, करेंगे तो कब तक?

**3.** तीसरी बात उन विषयों की है जिनमें कश्मीर भारत में मिलेगा। प्रजा परिषद् चाहती है और हम सभी चाहते हैं कि पूरी जम्मू-कश्मीर रियासत उसी संविधान से परिचालित हो जो शेष भारत में है। क्या यह कामना कोई साम्प्रदायिक, प्रतिक्रियावादी अथवा राष्ट्रघातक है? यह आश्चर्यजनक बात है कि आप शेख अब्दुल्ला और उनके साथियों द्वारा गृहीत पृथकवादिता को राष्ट्रीय और देशभक्तिपूर्ण कहकर उसकी प्रशंसा करते हैं और भारत की आधारभूत एकता और संगठन की तथा साधारण भारतीय नागरिकों के समान शासित होने की प्रजा परिषद् की न्यायोचित इच्छा को देश-विरोधी समझते हैं। आपके पत्र तथा भाषण प्रजा परिषद् द्वारा उठाए गए इन मूलभूत प्रश्नों का कोई उत्तर नहीं देते।

**4.** प्रजा परिषद् को जनता का काफी समर्थन प्राप्त है। जनमानस से परिचित होने के कारण आप भली-भाँति जानते हैं कि कोई भी लोकप्रिय आंदोलन शक्ति द्वारा नहीं दबाया जा सकता।

**5.** आंतरिक प्रशासन के विषय में जम्मूवासियों को बड़ा क्षोभ है। इस विषय में विलम्ब करने से रोष बढ़ता जा रहा है।

**6.** निःसंदेह यह सच है कि हमें ऐसा कुछ भी नहीं करना चाहिए जिससे भारत की स्थिति बिगड़े और शत्रु के हाथ मज़बूत हों। सबसे अधिक आपको यह पहलू ध्यानगत रखना चाहिए, क्योंकि आप भारत के प्रधानमंत्री हैं।

जम्मू आंदोलन को बंद करने का एकमात्र उपाय यह है कि सभी बंदी व्यक्तियों को छोड़ दिया जाए और सम्मेलन बुलाया जाए जिसमें सभी समस्याओं पर शांतिपूर्वक विचार हो और एकमात्र यही लक्ष्य हो कि ऐसे निर्णय किए जाएं जो सभी संबद्ध व्यक्तियों के लिए न्यायपूर्ण हों। यह आंदोलन—आतंक, कारावास, लाठीचार्ज और गोलियों से कभी बंद होने वाला नहीं है। सत्य तो यह है कि यह बढ़ेगा, उग्रतर होगा और भारत पर भी प्रभाव डालेगा।

इस विषय पर हमारी कार्यकारिणी समिति 6 फरवरी को दिल्ली में कश्मीर स्थिति पर विचार करेगी। अगर आप समझते हैं कि मेरा आपसे मिलना लाभदायक होगा तो मैं 6 की सुबह आपसे मिल सकूंगा, कृपाकर मेरे दिल्ली के पते पर संदेश भेज दें।"

पं. नेहरू ने श्यामाप्रसाद जी के पत्र के रूप में किए गए इस प्रयास को अपने शब्दों में समझते हुए यह उत्तर प्रेषित किया :

"मेरे विचार से प्रजा परिषद् का यह आंदोलन न केवल साम्प्रदायिक है वरन् इसे भारत में विद्यमान साम्प्रदायिक संकुचित मनोवृत्ति वाले तत्त्वों का समर्थन भी प्राप्त है। मेरा ऐसा विश्वास होने के कारण मेरे लिए केवल यही रास्ता रह जाता है कि इस नितांत कुविचारपूर्ण आंदोलन का विरोध किया जाए। हमारी सरकार का यह मत है कि हम इसी नीति का पालन करना चाहते हैं।

आपने सुझाव दिया है कि गिरफ्तार व्यक्तियों को छोड़ा जाए और एक सम्मेलन बुलाया जाए जिसमें वे लोग भी शामिल हों। आज की स्थिति में इसका अर्थ यह है कि भारत सरकार और कश्मीर सरकार काम करना बंद कर दें और उन लोगों के सामने, जिन्होंने मौलिक संवैधानिक प्रश्नों पर उन्हें चुनौती दी है, हथियार डाल दें।

वास्तव में यदि यह आंदोलन जारी रहता है तो हमें यह सोचना होगा कि सरकार ने इसे दबाने के लिए आगे और क्या पग उठाए।

मुझे दुःख है कि कल, और एक-दो और भी दिन में बिल्कुल व्यस्त हूं। आपका पत्र पढ़कर मैं यह भी महसूस करता हूं कि हमारी बातचीत के लिए सांझी पृष्ठभूमि भी नहीं है।"

पंडित नेहरू के उपर्युक्त उत्तर से भी कोई हल निकलने की स्थिति

उत्पन्न नहीं हुई। एक तरह से उन्होंने पुन: यह बात टाल दी। लेकिन डॉ. श्यामाप्रसाद जी कोई-न-कोई हल निकालने का विचार किए हुए थे। उन्होंने पुन: 8 फरवरी, 1953 को एक पत्र लिखा। वह इस प्रकार था-

"मालूम होता है आप अपने से असहमत लोगों के विचारों को समझने की मन:स्थिति में भी नहीं हैं, उनसे बात करना तो और भी दूर है। मुझे विश्वास है कि अपने शांत क्षणों में आप स्वयं खेद अनुभव करेंगे कि आप तर्क का उत्तर तर्क से नहीं दे सके।

मैं तथा बहुत से अन्य लोग हृदय से यह महसूस करते हैं कि जम्मू और कश्मीर में रहने वाले हमारे देशवासियों की यह मांग थी कि उनकी रियासत अंतिम रूप में भारत में शामिल हो और स्वतंत्र भारत के संविधान से परिचालित हो, कोई देश-विरोधी, विघटनकारी और साम्प्रदायिक मांग नहीं है।

मैं आपको विश्वास दिलाता हूं कि हम आपके कोप का परिणाम सहने के लिए बराबर प्रस्तुत हैं। प्रिवेंटिव डिटेंशन एक्ट के अंतर्गत पंजाब में कोप सहने के लिए बराबर प्रस्तुत हैं। साथ ही इस एक्ट के अंतर्गत पंजाब में कल हमारे कितने ही भाइयों की गिरफ्तारी से हमें आगामी घटनाओं का आभास मिलता है। यह हमारे देश में प्रजातंत्र का दुर्भाग्य है कि वैधानिक राजनीतिक विरोधी पक्ष को दबाने के लिए प्रिवेंटिव डिटेंशन एक्ट का आश्रय लिया जा रहा है।

जम्मू आंदोलन के परिणामस्वरूप आपने जिन संभावित अंतरराष्ट्रीय जटिलताओं की आशंका की है, मैं उन्हें समझ सकूं तो मुझे क्षमा करें। आज कोई भी व्यक्ति यह दावा नहीं करेगा कि आपने कश्मीर समस्या पर जिस नीति को अपनाया है उससे हमारी अंतरराष्ट्रीय ख्याति बढ़ी है या हमें अंतरराष्ट्रीय समर्थन और सहयोग मिला है। दूसरी ओर आपकी नीतियों ने घर और बाहर, स्वदेश और विदेश—दोनों जगह जटिलताएं बढ़ाई हैं, राजनीतिवादिता तो यह थी कि आप निष्पक्षता के साथ वस्तुस्थिति का अध्ययन करते हुए मिथ्या अंतर्राष्ट्रीयता का शिकार बनने की बजाए भिन्न दृष्टिकोणों और हितों के उचित समन्वय के आधार पर दृढ़तापूर्वक राष्ट्रीय दृढ़ीकरण की परिस्थितियां उत्पन्न करते। अगर आपको इसमें सफलता मिल गई तो इससे आप अधिक बलवान बनेंगे और अंतरराष्ट्रीय व्यवहार में भी आपका गौरव बढ़ेगा।

मैं अत्यंत खेद के साथ यह पत्राचार बंद कर देना चाहता हूं, क्योंकि आपके उत्तर, भारत में ब्रिटिश सरकार के उच्चाधिकारियों द्वारा दिए जाने वाले उत्तरों से मिलते-जुलते हैं। जो अपनी प्रभुता और गौरव के मद में भूलकर, जन-इच्छा की अवहेलना कर बोला करते थे। केवल यही अंतर है कि हम कतिपय बड़े प्रश्नों पर असहमत होते हुए भी एक ही माँ की संतान हैं और थोड़ी-सी सद्भावना और सहिष्णुता के साथ हम मतवैषम्य की खाई पाट सकते हैं। अगर आप देश के बड़े हितों को ध्यान में रखते हुए मिथ्या गौरव और पार्टी के पक्षपात को ताक में रख शांतिपूर्ण समझौते की संभावनाओं पर विचार करना चाहें तो आपको हमारा सहयोग अहिर्निश मिलेगा। इतना विलम्ब होने पर भी मुझे दृढ़ विश्वास है कि ऐसा करना संभव है, परंतु इस मामले में पहल आप ही कर सकते हैं।"

पं. जवाहरलाल नेहरू ने श्यामाप्रसाद जी के उपर्युक्त पत्र का उत्तर कुछ गंभीरतापूर्वक विचार करते हुए दिया। उन्होंने अपने प्रत्युत्तर में कहा—"आप भारत का कल्याण चाहते हैं लेकिन भारत के लिए क्या अच्छा है और क्या बुरा, हमारे विचार इस विषय पर एक मत नहीं हैं। आप मेरे द्वारा साम्प्रदायिकता के आरोप लगाए जाने को बुरा मानते हैं क्योंकि भिन्न-भिन्न दृष्टि से हम इस पर विचार करते हैं। यह आज की स्थिति के लिए लाभप्रद नहीं है। मैं आपको विश्वास दिलाता हूं कि मैं भी सच्चे हृदय से भारत में शांति चाहता हूं। मेरा परामर्श है कि आप अपना प्रभाव जम्मू के आंदोलन को समाप्त करने में प्रयोग करें।"

इस तरह का उत्तर प्राप्त कर श्यामाप्रसाद जी ने भी सोचा कि पंडित जवाहरलाल नेहरू संभवतः अब इस कश्मीर मुद्दे पर गंभीरता पूर्वक विचार कर रहे हैं। यदि उन्हें इस मुद्दे पर विचार करने योग्य सुझाव प्रेषित किए जाए तो हो सकता है इस समस्या का शांतिपूर्वक उचित हल शीघ्र ही निकल आए। यह विचार करते हुए उन्होंने पं. जवाहरलाल नेहरू को सुझाव सहित पुनः एक पत्र प्रेषित किया। वह इस प्रकार था–

"आपने बड़े सौजन्यपूर्वक मुझे इस आंदोलन को समाप्त करने के लिए अपने प्रभाव का उपयोग करने को कहा है। मैं ऐसा करने को तैयार हूं, बशर्ते आप और शेख अब्दुल्ला इसके अनुकूल वातावरण बना दें।

ऐसा करने का एक मात्र तरीका यह है कि आप और शेख अब्दुल्ला आंदोलन के संचालकों के सम्मुख यह प्रकट कर दें कि आप स्वच्छ मस्तिष्क के साथ वार्ता करके ऐसा निर्णय करने को तैयार हैं जो उनकी वैध माँगों को पूरा कर सकें। मेरा यह सुझाव है कि आप और शेख अब्दुल्ला उनके कुछ नेताओं से मिलें। यदि यह भेंट दिल्ली में हो सके तो और भी वांछनीय है। अगर उन्हें ऐसा कहा जाए तो मुझे आशा है कि वे आंदोलन को निलम्बित करने पर सहमत हो जाएँगे। दूसरी ओर अगर आप यह समझते हैं कि मुख्य प्रश्नों पर समझौते की संभावनाओं और आंदोलन को बंद करने के विषय में जब तक कोई निर्णयात्मक विचार नहीं हो जाता, इस प्रक्रिया से उलझन बढ़ने की संभावना है, तो पहले हम स्वयं इन प्रश्नों पर विचार-विमर्श कर देख सकते हैं कि आखिर उनका उचित हल क्या हो। मैं प्रजा परिषद् की ओर से नहीं बोल सकता, किंतु उसके विचार-दर्शन को किसी सीमा तक समझते हुए आपके विचारार्थ कुछ सुझाव रख सकता हूँ। अगर मुख्य बातों में कोई समझौता हो जाए तो मैं पं. प्रेमनाथ डोगरा को अपना मत देते हुए पत्र भेज सकता हूं।

ये सुझाव हैं–

**1.** राज्य, मूलभूत अधिकार, नागरिकता, आर्थिक संगठन, चुंगी कर का विलोप, सुप्रीम कोर्ट, राष्ट्रपति के संकटकालीन अधिकार और चुनाव कार्य आदि के विषय में भारतीय संविधान की धाराएँ लागू करे। यह निश्चित समय के अंदर हो जाना चाहिए।

**2.** जम्मू और कश्मीर का संविधान अंतिम रूप में भारतीय संविधान का एक अंग होगा।

**3.** राज्य की विधान सभा भारत में अंतिम विलय को एक प्रस्ताव द्वारा मान्यता दे।

**4.** धर्मार्थ ट्रस्ट, पुलिस के अन्याय, पीड़ितों के परिवारों को, विशेषकर जो गोली के शिकार हुए हैं, क्षतिपूर्ति आदि के संबंध में जांच-पड़ताल का आयोग, जिसके अधिकांश जन राज्य के बाहर के हों, नियत किया जाए।

**5.** शेष भारतीय संविधान के विषय में शेख अब्दुल्ला बतलाएं कि वे क्या-क्या विच्युति चाहते हैं? उन पर पूरा विचार किया जाए।

6. जिन लोगों की पेंशनें रोक दी गई हैं और जायदाद आदि जब्त करने का ऑर्डर हो गया है, उन्हें पुनः जारी किया जाए।
7. पाक-अधिकृत क्षेत्र की मुक्ति और अधीनता-विषयक नीति तय की जाए।
8. जम्मू और लद्दाख को बिना सीमा-परिवर्तन के प्रांतीय स्वशासन।
9. भारतीय ध्वज को सर्वाधिक प्रतिष्ठा।

दोनों पक्ष अगर स्वच्छ मस्तिष्क से काम लें तो उपर्युक्त विषयों में से कोई भी ऐसा नहीं है जिस पर तर्कसंगत समझौता न हो सके। अगर आप महसूस करते हैं कि मेरा दृष्टिकोण ठीक है तो हम उस पर सविस्तार वार्तालाप कर निर्णय कर सकते हैं कि कौन-सा पथ ग्रहण करना चाहिए, जिससे कश्मीर का सर्वाधिक हित हो और जो समस्त देश के लिए भी लाभकारी हो।

आप और शेख अब्दुल्ला समयानुसार उठकर, मिथ्या गर्व का परित्याग कर ऐसा वातावरण बना सकते हैं जिसमें सभी पार्टियों के लिए यह संभव होगा कि वे विचार-वैषम्य के बावजूद भी कश्मीर प्रश्न पर अपनी राष्ट्रीय मांग प्रस्तुत कर सकें। आशा है आप मेरे इस पत्र की भावना का समुचित आदर करते हुए आंदोलन-परिसमाप्ति के लिए क्रियाशील होंगे।"

जवाहरलाल नेहरू उनके पत्रों का टालमटोल उत्तर देते रहे। श्यामाप्रसाद जी भी उनके पत्रोत्तर का भाव समझते हुए उत्तर देते रहे। उन्होंने पंडित जवाहरलाल नेहरू द्वारा 12 फरवरी, 1953 को लिखे पत्र का उत्तर देते हुए आपसी बातचीत के लिए मिलने की बात कही और जो पत्र लिखा उसका सार इस प्रकार था-

"शेख अब्दुल्ला और आप सर्वप्रथम यह निर्णय करें कि आप प्रजा परिषद् के नेताओं से वार्ता के लिए तैयार हैं अथवा नहीं। आप दोनों को प्रजा परिषद् के कुछ चुने हुए प्रतिनिधियों से मिलने पर सहमत होना चाहिए और इसके तुरंत बाद ही आंदोलन बंद हो जाएगा। मुझे विश्वास है कि इसके बाद प्रकृत स्थिति और सद्भावना उत्पन्न करने की प्रक्रिया स्वतः हो जाएगी। अगर उनके विचारों को उचित और न्यायसम्मत रूप से समझा गया तो कोई कारण नहीं कि वे सद्भावना का उत्तर सद्भावना से न दें।"

उन्होंने संविधान की धाराओं को जम्मू-कश्मीर में लागू करने के विषय में लिखा–

"मैं नहीं सोचता हूं कि हमें कम-से-कम धाराओं पर जो जम्मू-कश्मीर पर तुरंत लागू हो सकती हैं, सहमत होने में कठिनाई आएगी। हम शेष विषयों पर विचार करना तब तक स्थगित रख सकते हैं, जब तक हमें यह पता न चले कि कश्मीर सरकार के उनके संबंध में क्या सुझाव हैं।"

इन सभी बातों पर विचार करने के लिए उन्होंने स्वयं पंडित नेहरू से उनके पास जाकर बातचीत करने की बात लिखी—"मैं कल कलकत्ता के लिए प्रस्थान करूंगा और वहां से सोमवार मध्याह्न को वापस आ जाऊंगा। अगर आप यह अनुभव करते हैं कि इस अवस्था में व्यक्तिगत वार्ता लाभप्रद होगी तो मैं आज किसी भी समय आपसे मिलने के लिए आ सकूंगा।"

इस पत्र के उत्तर में पं. नेहरू ने लिखा—"मैंने आपका पत्र मिलने के बहुत देर बाद पढ़ा था।"

एक बार बात फिर टल गई। तत्पश्चात् श्यामाप्रसाद जी ने विचार किया कि इस पत्राचार की प्रक्रिया को चालू रखते हुए अंतिम प्रयास किया जाए और उन्होंने पंडित नेहरू को 17 फरवरी, 1953 को पत्र लिखा। उन्होंने अपने इस पत्र में पुनः आंदोलन से संबंधित बिंदुओं पर विचार करने का सुझाव देते हुए लिखा। उनके उस पत्र का सार इस प्रकार था–

"जब कोई आंदोलन कई सप्ताह तक चलता है और उसमें कितनों की प्राणहानि, विविध रूप से दमन और अतिचार होता है तो वह तब तक बंद नहीं हो सकता, जब तक यह न विदित हो जाए कि जिस लक्ष्य हेतु संघर्ष जारी हुआ है, उस पर शासक-मंडली उचित विचार करेगी। आप यह भी महसूस करेंगे कि इस आंदोलन को बंद करना न मेरे बलबूते में है, न भारत कें और किसी के वश का है। यह उन लोगों द्वारा ही होना चाहिए जिन्होंने इसे आरंभ किया था, जिनमें से अनेक जेल की सींखचों में बंद हैं। उनसे इस विषय पर मिलना होगा और भविष्य में क्या होने वाला है, इसकी रूपरेखा से अवगत भी कराना होगा।

अच्छी तरह मनन करके और आपका यह विचार जानकर भी कि पहला काम इस आंदोलन को पूरी तरह समाप्त करने का ही हो, मैं आपके विचारार्थ निम्नोक्त प्रक्रिया प्रस्तुत कर रहा हूँ–

1. बंदियों को रिहा करने का आदेश दिया जाए और किसी प्रकार की कोई प्रताड़णा न हो।
2. आंदोलन बंद किया जाए।
3. नया संविधान यथासंभव शीघ्र लागू हो और 6 माह के अंदर नए चुनाव हो जाएँ।
4. आप और शेख अब्दुल्ला चाहें तो पंद्रह दिनों के बाद एक बैठक बुलाएँ जिसमें खुले मस्तिष्क से सभी राजनीतिक और संवैधानिक बातों की विवेचना की जाए।
5. आयोग में अभी चार व्यक्ति हैं— चीफ जस्टिस, एकाउंटेंट जनरल, चीफ कंजरवेटर ऑफ फारेस्ट्स और रेवेन्यू कमिश्नर। पिछले तीन महानुभाव जम्मू-कश्मीर रियासत में प्रशासनिक अफसर हैं और उन पर शायद ही विश्वास किया जा सके। आयोग का पुनर्गठन होना चाहिए। इसमें भारत के दो जज और जम्मू-कश्मीर के चीफ जस्टिस होने चाहिएं जिससे उनकी निष्पक्षता और प्रतिनिधित्व में संदेह न रहे।
6. जम्मू-कश्मीर संविधान सभा के अगले सत्र में अनिर्णीत प्रश्नों पर उचित विचार-विमर्श के बाद 'जुलाई-समझौता' कार्यान्वित हो। मूलभूत अधिकार, नागरिकता, सुप्रीम कोर्ट, राष्ट्रपति के अधिकार, आर्थिक संगठन और चुनाव कार्य आदि पर भारतीय संविधान की धाराएँ लागू होंगी। भूमि-प्राप्ति की शर्तों के विषय में अपवाद अवश्य हो सकते हैं।
7. विलय की अंतिम बात अन्य राजनीतिक मामलों में इन बिन्दुओं पर प्रत्येक दृष्टि से विचार करेगी। समझौता ऐसा होना चाहिए जो जम्मू-कश्मीर सहित भारत के सर्वाधिक हित में हो।
8. दोनों पक्षों का यह मत है कि जम्मू और कश्मीर रियासत की एकता अक्षुण्ण रखी जाएगी और जम्मू प्रांत को इकाई मानकर वहाँ स्वशासन चालू किया जाएगा। यही बात लद्दाख और कश्मीर की घाटी पर भी लागू होगी।

9. जांच आयोग का अधिकार-क्षेत्र बढ़ाया जाए और लोगों की सभी शिकायतों पर विचार हो।

10. झंडे का प्रश्न स्पष्ट होना चाहिए और भारत के अन्य प्रांतों के समान यहाँ भी प्रतिदिन तिरंगा ही फहराना चाहिए।

समस्या के समग्र रूप के विषय में अगर कोई सहमत हो पाए तो पं. प्रेमनाथ डोगरा से सम्पर्क बनाना पड़ेगा। अंतिम निर्णय उन्हीं को करना है। हम उन्हें चाहे तो यह सुझाव दे देंगे कि हमारे विचार से शांतिपूर्ण और त्वरित हल निकालने के लिए क्या करना चाहिए। मुझे विश्वास है कि वे तथा अन्य लोग कोई बाधाजनक रुख़ नहीं रखेंगे वरन् प्रत्येक संभव तरीके से सहयोग देने को तत्पर रहेंगे।

अगर आप यह समझते हैं कि मेरे सुझाव पर आपके गंभीर चिंतन की आवश्यकता है और इन पर व्यक्तिगत रूप से वार्ता करनी चाहिए, तो मैं जब भी आपको सुविधा होगी, आपसे सहर्ष आकर मिलूंगा और अगर आपने यह अंतिम फैसला कर लिया है कि यह आंदोलन बिना किसी शर्त के बंद करना है और किसी भी अन्य बिन्दु पर सामंजस्य नहीं हो सकता, तो मैं बहुत दुःख के साथ इस निर्णय पर पहुंचूंगा कि मैं अपने प्रयत्नों में असफल रहा हूं।"

इस प्रकार डॉ. मुखर्जी ने पंडित नेहरू से लगातार पत्राचार का क्रम प्रारंभ रखा। पं. नेहरूजी के टालमटोल भरे पत्रों को भी वे गंभीरता से लेते रहे। उन्होंने 17 फरवरी को पं. जवाहरलाल नेहरू को जो पत्र लिखा, वह उनका अंतिम पत्र सिद्ध हुआ क्योंकि इस पत्र का प्रत्युत्तर उन्हें नहीं मिला।

डॉ. श्यामाप्रसाद जी ने केवल पं. जवाहरलाल नेहरू से ही कश्मीर पर पत्राचार नहीं किया। उन्होंने शेख अब्दुल्ला को भी कई पत्र लिखे और जम्मू-कश्मीर में चल रही स्थिति को सुलझाने का प्रयास किया। लेकिन शेख अब्दुल्ला की ओर से भी उन्हें कोई सकारात्मक प्रत्युत्तर नहीं मिल सका। डॉ. श्यामाप्रसाद जी ने 23 फरवरी, 1953 को शेख अब्दुल्ला को एक पत्र लिखा जो उनका शेख अब्दुल्ला के लिए अंतिम पत्र सिद्ध हुआ। उस पत्र के मुख्य अंश इस प्रकार हैं–

"मैं आपकी प्रजा परिषद् के प्रतिनिधियों से वार्ता करने की

अस्वीकृति को समझ नहीं सका। आप, जो रियासत के प्रमुख राजनीति दल के प्रतिनिधि हैं और जिनके हाथों में सरकार की शक्ति है, यदि यह निश्चय कर लेते हैं कि आपका विरोध करने वाले राजनीतिक दल का दमन करना है और प्रयोजन-पूर्ति के लिए शक्ति तथा अन्य उपायों का प्रयोग करना है, तब आप एक जनतांत्रिक नेता नहीं रहते हैं। आप तानाशाह बन जाते हैं। फिर भी आपकी सफलता संदिग्ध है, क्योंकि इतिहास बतलाता है कि ऐसे सभी मामलों में आंदोलन परोक्षत: चलता है और अंत में प्रभुत्वसंपन्न तानाशाह को स्वाधीनता संग्राम में पराजित होना पड़ता है।"

इस पत्र से पहले शेख अब्दुल्ला को लिखे पत्रों के साथ श्यामाप्रसाद जी ने उन सुझावों को भी संलग्न करके प्रेषित किया था जो वे पंडित जवाहरलाल नेहरू को भेजते थे लेकिन श्यामाप्रसाद जी द्वारा यह सारा परिश्रम व्यर्थ गया।

इस प्रकार डॉ. श्यामाप्रसाद जी ने कई पत्रों द्वारा नेहरूजी और शेख अब्दुल्ला से कश्मीर समस्या के लिए उचित कदम उठाने के लिए कहा, लेकिन उनके इस प्रयास का कुछ भी परिणाम नहीं हुआ। कोई परिणाम न निकलता देख प्रजा परिषद् का साथ देने के लिए जनसंघ ने निर्णय लिया कि अपनी योजना के अनुसार कार्य किया जाए। इसके लिए जगह-जगह जुलूस निकाले गए। प्रदर्शन किए गए जिसके अंतर्गत भारतीय जनसंघ ने अपनी बात रखी कि जम्मू-कश्मीर में जनमत संग्रह विधान के अनुसार नहीं है क्योंकि जम्मू-कश्मीर भारत का अभिन्न अंग है और वह अब भारत के साथ संबंध रखता है। प्रजा परिषद् की माँग उचित है और उन पर हो रहे अत्याचार अनुचित हैं। यह बात समस्त देश में चिंगारी के रूप में प्रज्वलित होकर भयंकर अग्नि के रूप में फैल गई। इससे काँग्रेस सरकार की नींद हराम हो गई। पंजाब में यह आंदोलन बहुत जोर पकड़ रहा था। यह आंदोलन शांतिपूर्ण ढंग से किया जा रहा था जिससे कोई हिंसात्मक कार्य न हो। जनसंघ ने इस बात का विशेष ध्यान रखा था।

इससे सरकार ने अपनी गिरती स्थिति को ध्यान में रखते हुए पंजाब में फरवरी 1953 को भारतीय दंड संहिता की धारा-144 के अंतर्गत

प्रदर्शनों, जुलूसों आदि को बंद कर दिया। (धारा-144 के अनुसार, प्राणघातक हथियार लेकर विधि विरुद्ध सम्मेलन में सम्मिलित होना अर्थात् शांति भंग करना होता है।) धारा-144 तभी लगानी उचित थी जब कोई हिंसात्मक सम्मेलन, जुलूस आदि होता, लेकिन जनसंघ के प्रदर्शन शांतिपूर्ण थे। अतः धारा-144 की कोई आवश्यकता ही नहीं थी। इसी समय दिल्ली में विधानसभा के लिए उपचुनाव भी हुए। साथ ही अन्य चुनाव भी हुए जिसमें कांग्रेस को असफलता मिली। इन चुनावों में कांग्रेस द्वारा सफलता के लिए अपनाएं गए हथकंडों की बात करने पर लोकसभा में डॉ. श्यामाप्रसाद मुखर्जी एवं पं. जवाहरलाल नेहरू के मध्य गर्मागर्म बहस भी हुई थी।

अतः किसी भी दृष्टि से धारा-144 को लागू किया जाना विधि मान्य नहीं था। फिर भी धारा-144 लागू की गई। मार्च के माह में यह धारा-144 दिल्ली में भी लागू कर दी गई।

जनसंघ ने बैठक करके निर्णय लिया कि धारा-144 के विरुद्ध जाते हुए वे प्रदर्शन करेंगे और अपने आंदोलन से पीछे नहीं हटेंगे। यह निर्णय कर इसकी रूपरेखा तैयार की गई। जम्मू पुलिस द्वारा जम्मू में आंदोलनकारियों को कुचलने की नियत से बहुत-से लोगों को मार डाला गया। उन्हीं लोगों की अस्थियों को लेकर दिल्ली में प्रदर्शन व जुलूस होना था।

6 मार्च, 1953 के दिन दिल्ली में इसके लिए जुलूस निकाला गया जिसमें डॉ. श्यामाप्रसाद मुखर्जी के अतिरिक्त अन्य नेता—निर्मलचंद्र चटर्जी जोकि हिन्दू महासभा के अध्यक्ष थे, रामराज्य परिषद् के मंत्री नंदलाल शास्त्री आदि प्रमुख नेता सम्मिलित थे। जुलूस प्रारंभ होने के बाद उन सभी लोगों को धारा-144 के उल्लंघन में गिरफ्तार कर लिया गया। इन सभी पर एवं डॉ. श्यामाप्रसाद मुखर्जी पर धारा-188 के अंतर्गत मुकदमा चलाया गया। (धारा-188 के अनुसार, लोकसेवक के विधिपूर्वक घोषित कराए हुए आदेश की अवज्ञा करना; यदि ऐसी अवज्ञा से कानूनन उचित काम में लगे हुए व्यक्तियों को बाधा, क्लेश या हानि पहुंचती है।) बाद में सर्वोच्च न्यायालय ने इन सभी लोगों को जेल से छोड़ने का आदेश दिया। सभी को छोड़ दिया गया लेकिन धारा-188 का मुकदमा लगा रहा।

जनसंघ के कानपुर में हुए अधिवेशन में यह भी निर्णय लिया गया कि जम्मू में जाकर वहाँ क्या स्थिति है, उस पर विचार करें। इसमें डॉ. श्यामाप्रसाद जी के साथ दल में जाने वाले अन्य प्रमुख व्यक्ति भी थे।

वर्ष 1952 के अप्रैल माह में पं. प्रेमनाथ डोगरा का जम्मू से (जोकि अभी हाल ही में जेल से रिहा किए गए थे) दिल्ली आए। भेंट करने पर श्यामाप्रसाद जी को प्रेमनाथ डोगरा ने जम्मू-कश्मीर की स्थिति का वर्णन करते हुए कहा था—"शेख अब्दुल्ला की नीति जम्मू-कश्मीर को भारत से अलग कर देगी। इस समय लद्दाख का बौद्ध समुदाय, कश्मीरी नागरिक—सभी शेख अब्दुल्ला के विरुद्ध हैं क्योंकि शेख अब्दुल्ला की नीति जम्मू-कश्मीर को दूसरा पाकिस्तान बनाने की है।"

इस प्रकार पं. प्रेमनाथ डोगरा ने सविस्तार वहां की स्थिति बताई। वहाँ जाने के लिए उन लोगों के लिए बड़ी बाधा थी—'परमिट सिस्टम', जिसके अंतर्गत कश्मीर जाने के लिए भारत के सुरक्षा विभाग द्वारा आज्ञा-पत्र लेना अनिवार्य था। इस व्यवस्था को फौजी सुरक्षा के लिए बनाया गया था लेकिन भारतीय संविधान के अनुसार भारत का नागरिक भारत में कहीं भी स्वतंत्रतापूर्वक आ-जा सकता था। फिर कश्मीर क्यों नहीं?

समाचार पत्रों के माध्यम से भी कश्मीर से बाहर के लोगों को वहां कि सही स्थिति ज्ञात नहीं हो रही थी क्योंकि वहां से जो समाचार जम्मू-कश्मीर सरकार स्वयं के पक्ष में समझती, वही समाचार वालों को प्रेषित करती। उन्हीं समाचारों के आधार पर यह भी गलत समाचार प्रकाशित करवाए गए कि प्रजा परिषद् के लोगों के कारण जम्मू में लोगों का जीना हराम हो रहा है और जनसाधारण को प्रजा परिषद् के लोग परेशान करते हैं। इन सभी परिस्थितियों को देखते हुए श्यामाप्रसाद जी जम्मू जाने के लिए प्रयास कर रहे थे; जिससे सही स्थिति से परिचित किया जा सके और शेख अब्दुल्ला की नीति को देश में सबके सामने उजागर किया जा सके।

1952, अप्रैल माह में डॉ. श्यामाप्रसाद जी ने सुरक्षा विभाग के मंत्री को पत्र लिखकर इस 'परमिट व्यवस्था' के बारे में जानकारी माँगी। लेकिन उन्हें उस पत्र का कोई प्रत्युत्तर नहीं मिला। तब और कोई उपाय होते

न देख श्यामाप्रसाद जी ने 8 मई को पंजाब होते हुए जम्मू जाने की घोषणा कर दी। 8 मई के दिन वे पैसेंजर गाड़ी से दिल्ली से अम्बाला जाने के लिए स्टेशन पहुंचे। वहां हज़ारों लोग उपस्थित थे। साथ ही समाचार पत्रों के प्रतिनिधि भी उपस्थित थे। श्यामाप्रसाद जी के साथ सर्वश्री अटलबिहारी वाजपेयी, वैद्य गुरुदत्त, टेकचंद आदि भी उपस्थित थे।

श्यामाप्रसाद जी ने पत्रकारों को जम्मू जाने का कारण बताते हुए कहा—"जम्मू में सत्याग्रह प्रारंभ हुए छह माह हो चुके हैं जिसमें लगभग 2500 से अधिक सत्याग्रही बंदी बनाए जा चुके हैं और तीस सत्याग्रहियों को गोली मारी जा चुकी है। दिल्ली और पंजाब में भी प्रजा परिषद् के आंदोलन को दो माह हो चुके हैं जिसमें लगभग 1700 से अधिक लोग बंदी बनाए जा चुके हैं। जम्मू की स्थिति जानकर सत्याग्रह को बंद करने के विचार से मैं जम्मू जा रहा हूँ। यद्यपि यह सत्याग्रह दिल्ली एवं पंजाब के कुछ भागों तक ही सीमित रहा है, तथापि इसे अखिल भारतीय स्तर पर लाने के लिए राजधानी में देश के विभिन्न भागों से बड़ी भारी संख्या में सत्याग्रही लगातार आ रहे हैं। जम्मू में अत्याचार के बाद भी लोग निर्भीक हैं और अधिकारियों के कोप तथा दमनकारी नीति का सामना करने को तैयार हैं। पिछले कुछ सप्ताहों में मैं भारत के बहुत से भागों में गया हूं और वहां मैंने जनता के सम्मुख अपना दृष्टिकोण रखने का प्रयत्न किया है। मैंने देखा है कि ऐसे लोग भी, जिन्होंने हमारे आंदोलन में पूरी सहायता नहीं दी अब जम्मू और कश्मीर के विषय में पंडित नेहरू की त्रुटिपूर्ण नीति के भयावह परिणाम अनुभव करने लगे हैं। इस दृष्टि से हमारा आंदोलन सफल हो गया है। इसने अपने मूल प्रयोजन के प्रति जनता का बहुआयामी समर्थन प्राप्त कर लिया है। अब समय आ गया है कि इस आंदोलन को, जो शांतिमय ढंग से चल रहा है, समाप्त किया जाए और जम्मू-समस्या का सम्मानयुक्त समाधान ढूंढ़ा जाए।"

जम्मू-कश्मीर जाने के लिए आज्ञा-पत्र प्रणाली और स्वयं को आज्ञा-पत्र ने मिलने के विषय में उन्होंने कहा—"नेहरू जी ने बार-बार यह घोषणा की है कि भारत में जम्मू और कश्मीर का विलय शत-प्रतिशत पूरा हो चुका है। फिर भी यह अद्भुत बात है कि कोई व्यक्ति भारत सरकार

से अनुमति लिए बिना राज्य में प्रवेश नहीं कर सकता। यह अनुमति कम्युनिस्टों को भी मिली है जो राज्य में अपना वही विघटनकारी खेल, खेल रहे हैं। किंतु उन लोगों को जाने की अनुमति नहीं है जो भारतीय और राष्ट्रीयता की दृष्टि से ही सोचते और करते हैं। मैं नहीं सोचता कि भारत सरकार को मुझे भारतीय यूंनियन के किसी भी हिस्से में, जिसमें स्वयं पंडित नेहरू के अनुसार जम्मू और कश्मीर भी शामिल है, जाने से रोकने का कोई अधिकार है। वैसे अगर कोई कानून के प्रतिकूल आचरण करता है तो उसे इसके परिणाम अवश्य भुगतने होंगे।"

डॉ. श्यामाप्रसाद जी जम्मू जाकर क्या करना चाहते थे अर्थात् उनका जम्मू जाने का उद्देश्य क्या था, इसके विषय में उन्होंने कहा—"जम्मू में मेरा उद्देश्य केवल यही है कि मैं स्वयं देखूं कि वहां क्या-क्या कांड हुआ है और अब वहां स्थिति क्या है? वहां प्रजा परिषद् के बाहर विभिन्न विचारों वाले स्थानीय नेताओं के सम्पर्क में भी आऊंगा। मैं यह जानने का प्रयत्न करूंगा कि जम्मू के लोग वास्तव में क्या चाहते हैं और पता लगाऊँगा कि क्या इस आंदोलन को शांति और प्रतिष्ठा के साथ समाप्त करने की कोई संभावना है जो न केवल राज्य के लिए अपितु समस्त देश के लोगों के लिए लाभप्रद और न्यायोचित सिद्ध हो। मुझे पूर्ण आशा है कि जब मैं इस कठिन दायित्वपूर्ण कर्तव्यपालन के लिए निकलूंगा तो मुझे सभी संबंधित लोगों से पूरी-पूरी सहानुभूति और सहयोग मिलेगा। अगर मुझे राज्य में जाने की अनुमति मिली तो मैं शेख अब्दुल्ला से मिलकर उनसे वार्तालाप करने की संभावना पर भी विचार करूंगा।"

इस प्रकार उन्होंने एक महान कार्य को अपने हाथ में लिया। साथ ही निर्भीकता से बिना आज्ञा-पत्र लिए जम्मू जाने की घोषणा की और शांतिपूर्वक सत्याग्रह करने की बात भी कही।

कांग्रेस सरकार भली-भांति जानती थी कि अगर श्यामाप्रसाद जी को रोका गया तो विवाद खड़ा हो सकता है क्योंकि जनसंघ अब एक शक्तिशाली रूप ले चुका था। दूसरा, कश्मीर जाने के लिए परमिट व्यवस्था भी अवैधानिक थी। अतः सरकार चुप रही।

8 मई, 1953 को श्यामाप्रसाद जी दिल्ली रेलवे स्टेशन पहुंचे जिससे पहले वे पंजाब और फिर वहां से जम्मू जा सकें। समाचार पत्रों

में प्रकाशित वक्तव्य के कारण स्टेशन पर पहले से ही हज़ारों लोग एकत्रित थे। हज़ारों व्यक्तियों के अभिवादन के बीच श्यामाप्रसाद जी की रेलगाड़ी ने चलना प्रारंभ किया। जहां-जहां गाड़ी रुकती, वहां-वहां हज़ारों लोग उनका स्वागत कर उत्साह बढ़ाते।

डॉ. श्यामाप्रसाद जी अम्बाला शहर में जाकर रुके। वहां भी हज़ारों लोग एकत्रित थे। वहां उनका भव्य स्वागत हुआ। अम्बाला में श्यामाप्रसाद जी ने समाचार पत्रों के प्रतिनिधियों के समक्ष अपने विचार रखते हुए कहा—"परमिट तो विदेशियों और विशेष रूप से पाकिस्तानी एजेंटों के फौजी भेद जानने से रोकने के लिए है न कि देश के प्रतिष्ठित नागरिकों को देश के भ्रमण से रोकने के लिए। मैं देश की संसद का सदस्य होने के नाते प्रत्येक स्थान पर जाकर वहां की परिस्थिति का अध्ययन करने का अधिकार रखता हूं। इस कारण मैं जम्मू जा रहा हूं और बिना परमिट के जा रहा हूं।"

पत्रकारों को अपनी बात बताकर उन्होंने अपनी स्थिति स्पष्ट की। यहाँ से वे जब पानीपत पहुंचे तो वहां भी अपार जनसमूह को उन्होंने संबोधित किया—"भारतीय जनसंघ प्रजा परिषद् के आंदोलन का समर्थन कर रहा है। वहां की सरकार की ओर से यह समाचार प्रसारित किया जा रहा था कि प्रजा परिषद् का आंदोलन अहिंसात्मक नहीं है। यद्यपि विज्ञप्तियों में कोई विशेष हिंसा का उदाहरण नहीं दिया जा रहा है। इस पर भी हम अपना कर्तव्य समझते हैं कि वास्तविक परिस्थितियों का ज्ञान रखें। भारत सरकार ने हमारे लोगों के वहां जाने पर गैर-कानूनी पाबंदी लगा दी है। इसको तोड़ना आवश्यक है और इसी उद्देश्य से मैं जम्मू जा रहा हूं।"

तत्पश्चात् पानीपत में एक महत्त्वपूर्ण भाषण देते हुए पंडित नेहरू की नीति के विषय में श्यामाप्रसाद जी ने कहा—"पं. नेहरू एक तिहाई कश्मीर पाकिस्तान को दे चुके हैं। मैं पंडित जी से पूछता हूं कि इस भाग को लेने के लिए क्या प्रयत्न किया गया है और यदि कुछ यत्न नहीं किया गया तो क्यों नहीं किया गया है? ऐसा सुनने में आता है कि भारत के इस भाग को सरकार पाकिस्तान को भेंट करना चाहती है। मैं पूछता हूं कि यह क्यों? क्या यह इसलिए नहीं कि वंहां

मुसलमानों की संख्या अधिक है? यदि केवल मात्र यही कारण है तो मुसलमानों के लिए देश के टुकड़े करने वाले किस प्रकार दूसरों को साम्प्रदायिक कहने का साहस कर सकते हैं? मैं भारत की एक इंच भी भूमि विदेशियों के हाथ में नहीं जाने देना चाहता।"

इस प्रकार इस भाषण के माध्यम से उन्होंने एक सच्चे देशभक्त के लक्षण प्रकट किए। तत्पश्चात् जालंधर में पत्रकारों के समक्ष कश्मीर विषय को संयुक्त राष्ट्र संघ में ले जाने पर उत्तर देते हुए कहा—"जम्मू-कश्मीर का विषय संयुक्त राष्ट्र संघ में इसलिए नहीं गया था कि वहां पर जनमत संग्रह कैसे और कब किया जाए, बल्कि इसलिए कि पाकिस्तान ने भारत के एक प्रदेश पर आक्रमण किया है और उसे अपनी सेनाएँ वापस ले जानी चाहिएं। जब विचारणीय प्रश्न केवल पाकिस्तानी सेनाएं कश्मीर से निकालना था, तो विषय बदलते समय पंडितजी को विरोध करना चाहिए था। यदि संयुक्त राष्ट्र संघ (यू.एन.ओ.) नहीं मानता था तो भारत को उस संस्था को छोड़ देना चाहिए था। पंडित जवाहरलाल नेहरू को कश्मीर के विषय में जनमत संग्रह कराने की घोषणा नहीं करनी चाहिए थी, और यदि की थी तो इसको केवल कश्मीर और भारत का विषय रहने देना चाहिए था। इसको एक अंतरराष्ट्रीय विषय बनाना सर्वथा अदूरदर्शिता का चिह्न है। भारतीय जनसंघ भाषा को प्रांतों के बंटवारे के लिए एक कारण मानता है, परंतु यह ही केवल एक कारण नहीं है। हो सकता राज्य-प्रबंधन, आय-व्यय का संतुलन और भौगोलिक तथा सुरक्षा-संबंधी समस्याएं भी प्रांतों के बनने में भाग लेंगी। जब तक पंजाबी प्रांत की सीमा का पता न चले, तब तक इस विषय में कुछ कहना कठिन है। पश्चिमी पंजाब के लोग भारी संख्या में अम्बाला डिवीजन में जा बसे हैं। इस कारण पंजाबी बोलने वाले क्षेत्रफल केवल मात्र वे ही नहीं रहे जो सन् 1947 से पूर्व थे। हमारा यह कहना है कि भारत सरकार तुरंत एक कमीशन इस विषय पर विचार करने के लिए नियुक्त करे, जो प्रांतों की सीमाएं निर्धारित करे।"

समाचार पत्रों के प्रतिनिधियों से वार्ता के पश्चात् श्यामाप्रसाद जी पठानकोट, अमृतसर होते हुए जब माधोपुर चौकी (चेक पोस्ट) पर पहुंचे तो वहां उन सभी को रोककर एक आदेश (जो 10 मई, 1953 को

राज्य के प्रमुख सचिव ने जारी किया था) दिखाया गया। जिसमें लिखा था—"चूंकि डॉ. श्यामाप्रसाद मुखर्जी जम्मू राज्य में प्रवेश कर ऐसी कार्यवाही करने वाले हैं जिससे अशांति फैलने का भय है, इस कारण डॉ. श्यामाप्रसाद मुखर्जी को कहा जाता है कि वे जम्मू व कश्मीर राज्य में प्रवेश न करें।"

श्यामाप्रसाद मुखर्जी ने यह आदेश पढ़ा और कहा—"मुझे भारत सरकार ने यहां आने की और आगे जाने की स्वीकृति दे दी है। अब यह क्या है?"

यह सुनकर वहां उपस्थित पुलिस अधिकारी ने कहा—"मैं कठुआ का पुलिस सुपरिंटेंडेंट हूं और सरकारी आज्ञानुसार यह आदेश आपको दे रहा हूँ।"

डॉ. श्यामाप्रसाद ने कहा—"मैं तो जम्मू जाना चाहता हूं।"

यह सुनकर सुपरिंटेंडेंट ने एक और आदेश पत्र दिया जो कि दिनांक 11-5-1953 को जम्मू-कश्मीर के आई.जी. द्वारा जारी किया गया था। जिसमें 'जन-सुरक्षा कानून' के तहत उनकी गिरफ्तारी का आदेश दिया गया था। उस आदेश के अनुसार—"चूंकि डॉ. श्यामाप्रसाद मुखर्जी ने ऐसा कार्य किया है, कर रहे हैं और करने वाले हैं जिससे जम्मू में शांति भंग होने की संभावना है, इस कारण मैं, इंस्पेक्टर जनरल ऑफ पुलिस जम्मू और कश्मीर; डॉ. श्यामाप्रसाद मुखर्जी को जन-सुरक्षा अधिनियम की धारा-3ए के तहत बंदी बनाने का आदेश देता हूं।"

यह आदेश पढ़कर उन्होंने अपने दो साथियों—टेकचंद और वैद्य गुरुदत्त के साथ स्वयं को पुलिस अधिकारी के हवाले कर दिया। डॉ. श्यामाप्रसाद को संदेह हो चला था कि वे लोग सोचे-समझे षड्यंत्र के शिकार हो रहे हैं। उन्होंने अपने अन्य साथियों को वापस भेज दिया। वहां से उन्हें श्रीनगर ले जाया गया।

भारत के अन्य क्षेत्रों में यह समाचार मिला कि डॉ. श्यामाप्रसाद जी को बंदी बना लिया गया है तो देश भर में तूफान खड़ा हो गया। कई जगह जुलूस-हड़ताल आदि हुए। लोकसभा में भी इसके विरोध में बात उठाई गई। लेकिन नेहरूजी टालमटोल उत्तर देते रहे।

•••

# 8

# अलोकतांत्रिक कैद

श्रीनगर में श्यामाप्रसाद जी एवं उनके दोनों साथियों को डल झील के समीप ही पहाड़ियों की तराई में बने एक रमणीक स्थान पर नज़रबंद के रूप में रखा गया। यहाँ ये लोग 12 मई, 1953 को बंद किए गए। जहां इन्हें रखा गया था, वह लम्बा-चौड़ा स्थान न होकर सँकरा स्थान था। तीनों के लिए अलग-अलग छोटे-छोटे कमरे थे।

इस छोटे से स्थान पर डॉ. श्यामाप्रसाद जी को चार-पांच दिन पुराना अखबार पढ़ने को दिया जाता था। उनके द्वारा लिखे पत्रों का प्रत्युत्तर एवं अन्य आने वाले पत्रों का बुरा हाल कर रखा था। पत्रों को रखकर कई-कई दिनों के पश्चात् दिया जाता था अथवा दिया ही नहीं जाता था। उनके सहबंदी गुरुदत्त जी के अनुसार, "वैसे सभी बातों का ध्यान रखा जाता था। खाना-पीना आदि आवश्यकतानुसार दिया जाता था।"

श्यामाप्रसाद जी अपना समय अध्ययन में तथा अपने साथियों और जेल सुपरिटेंडेंट श्री कंठ सप्रु से बातचीत करते हुए बिताते थे। वे अपने पत्रों में इस जगह की स्थिति लिखते रहते थे। 18 मई, 1953 को उन्होंने अपने परिवार को पत्र लिखकर अपनी स्थिति स्पष्ट की। उन्होंने लिखा—"मुझे यहां एक छोटे-से बंगले में ठहराया गया है जो एक छोटे लेकिन रमणीक उपवन में है। मैं बगीचे की तंग वीथी में घूमता हूं। यह पत्र पढ़कर तुम कल्पना करोगे कि मैं कितना प्रसन्न होऊंगा, लेकिन ऐसा संभव नहीं है। क्योंकि एक बंदी के लिए भौतिक सुविधाओं एवं प्राकृतिक सौंदर्य में भला क्या आकर्षण है। जब मुझे पत्र लिखो तो लम्बा उत्तर लिखना जिसमें समाचार और कथाएं हों, लेकिन राजनीति की गंध न हो क्योंकि मैं यहां एक कैदी हूं।"

इस पत्र के माध्यम से उन्होंने अपने परिवार को धीरज बंधाने का प्रयास किया जिससे कि वे चिंतित न हों।

एक अन्य पत्र जो उन्होंने अपनी भाभी को 6 जून को लिखा था, वह इस प्रकार था–

"इन दिनों मैं केवल अतीत के दिनों एवं वर्षों का नहीं अपितु बीती घटनाओं पर भी मनन करता हूं। उनके साथ मैं आज के मनुष्यों और घटनाओं पर विचार करता हूं। वे मेरे मानस-पटल पर चित्र-तुल्य झलक उठती हैं। वह स्थान दिखता है, जहां कोई ठहर रहा हो; वह काम जिसमें कोई व्यस्त हो; घटनाक्रम का रूप और कारण सभी नाना रूपेण मानस में प्रतिबिम्बित हो रहा है और फिर जब मैं अनिश्चित सुदूर भविष्य पर विचार करता हूं तो एक विभिन्न विचारश्रृंखला नए ढंग से उत्पन्न हो जाती है। तब मैं अंधकार में एक ज्योति किरण पाता हूं। पराजय में विजय देखता हूं। मैं प्रत्येक व्यक्ति की अच्छाइयां अनुभव करता हूं। इन कुछेक दिनों में मुझे बहुत अनुभव हुआ है, हम कितने लघु और तुच्छ हैं; फिर भी कैसे अभिमानी एवं सत्तोन्मुख! तथा अपने प्रति कितने अज्ञानी! हम यह बोध नहीं करते कि यह विश्व यंत्रवत गतिशील है, न ही हम उसे स्मरण करते हैं जिसकी कृपा से ही विश्व की संधि हुई है और वही इसके पोषण एवं विनाश का कारण भी है। मेरी जीवन यात्रा के अंतिम श्रांत चरण हैं और मैं अभी ठीक नहीं जानता कि मैंने अपने जीवन का कितना सदुपयोग किया है। मैं सहज ही यह सोचता रहता हूँ कि मैंने तुच्छ शब्दों और कार्यों में ही अपना समय निरर्थक गंवा दिया है। मैंने कितनी गलतियां और अनुचित कार्य किए हैं। आप मेरे पुस्तकानुराग से परिचित ही हैं। आजकल मैं विभिन्न विषयों पर नई और पुरानी पुस्तकें पढ़ रहा हूं। साथ ही नए सिरे से सबकुछ सीख रहा हूं। मेरी लिखने की प्रबल इच्छा है, किंतु वह पूरी होती नहीं दिखती। गत तीस वर्षों में भी पूज्य पिता की जीवनगाथा भी मुझसे लिखी न जा सकी। मुझे अत्यंत क्षोभ है। अब भी प्रयत्न करता तो भी उनके समय की नई कथाएं और लेख उपलब्ध हो सकते। विगत कुछ दिनों में इस पर कलम उठाने की प्रेरणा हो रही है। मेरे जीवन में अव्यर्थ अनुभवों का जो तारतम्य रहा है, उसे शब्दबद्ध करने की इच्छा भी जग रही है।

मुझे आपके बच्चों की, पौत्रों की एवं उन सहस्रों युवकों की चिंता होती है जो जेल के सींखचों में बंद हैं। मैं नहीं जानता मुझे यहां कब तक रहना पड़ेगा। मैं अपने बाकी कार्यक्रम से भी अनभिज्ञ हूं। किंतु मैं यह विश्वासपूर्वक जानता हूं कि मेरा हृदय दुःख और चिंता से शून्य है। इन दिनों मैं अपने पुराने आत्मविश्वास को अक्षुण्ण रख सका हूं और मैं उस अज्ञात विराट शक्ति के प्रति पूर्ववत ही आस्थावान रहा हूं जिसके निर्देश के बिना हममें न गति रह सकती है, न स्पंद। इससे निश्चय ही मेरा हृदय शक्ति और उल्लास का अनुभव करता है। आज इतना ही।

उत्तर देने की कृपा करें।

आपका मेजोठाकुरपो।"

इस प्रकार वे पत्रों के माध्यम से अपने विचार प्रेषित करते रहे लेकिन बहुत से पत्रों का अता-पता तक नहीं चला।

डॉ. श्यामाप्रसाद जी को सुबह और शाम को घूमने की आदत थी और इस छोटी-सी जेल में वह नहीं हो पा रहा थी। एक दिन श्री रामनाथ चोपड़ा, जोकि इंस्पेक्टर जनरल ऑफ जेल्स थे, जब वहां आए तब डॉ. श्यामाप्रसाद जी ने उनसे शिकायत की तो उन्होंने यह बात मानते हुए वहां के जेल सुपरिटेंडेंट से कहा और उसने एक इंस्पेक्टर से कह दिया जो वहां नियुक्त था। लेकिन फिर भी लिखित आदेश न मिलने का बहाना बनाकर उन्हें प्रातः घूमने नहीं जाने दिया गया और यह इसी तरह निरंतर टाला जाता रहा।

डॉ. श्यामाप्रसाद जी से किसी को मिलने भी नहीं दिया जाता था, यहाँ तक कि उनके परिवार वालों को भी। जब श्यामाप्रसाद जी के पुत्र ने उनसे मिलने के लिए आज्ञा-पत्र के लिए प्रार्थना पत्र दिया तो उन्हें स्पष्ट कह दिया कि आपको आज्ञा-पत्र नहीं दिया जा सकता। आप घूमने के लिए जाना चाहते हैं तो ठीक है अन्यथा पिता से मिलने के लिए आज्ञा-पत्र नहीं दिया जा सकता। उच्चतम न्यायालय के अधिवक्ता उमाशंकर त्रिवेदी श्यामाप्रसाद जी से इसलिए मिलना चाहते थे, जिससे कि वे उनके लिए 'बंदी प्रत्यक्षीकरण याचिका' दायर कर सकें परंतु उन्हें भी आज्ञा नहीं दी गई। यह आज्ञा उन्हें तब दी गई जब जम्मू-कश्मीर के उच्च न्यायालय ने आज्ञा दी।

श्यामाप्रसाद जी के मित्र सरदार हुकुमसिंह जोकि संसद सदस्य थे, उन्हें भी नहीं मिलने दिया गया। जब उन्होंने यह स्वीकार किया कि वे कश्मीर सरकार की बातें श्यामाप्रसाद जी तक पहुंचाएंगे तब उन्हें उनसे मिलने की आज्ञा दी गई। वैसे तो डॉ. श्यामाप्रसाद जी से किसी को नहीं मिलने दिया जाता था। लेकिन उनसे एक ऐसे व्यक्ति को मिलने के लिए भेजा गया जिसके विषय में डॉ. साहब तक आश्चर्य करने लगे। वैद्य गुरुदत्त के अनुसार, एक दिन एक साधु जो फटे-पुराने कपड़े पहने था; बाल-दाढ़ी बढ़ी हुई थीं, को लाकर जेल सुपरिटेंडेंट ने डॉ. श्यामाप्रसाद जी से मिलवाया और कहा कि ये बाबा कानपुर के रहने वाले हैं और आपसे भेंट करने आए हैं। श्यामाप्रसाद जी और उनके साथी आश्चर्यचकित रह गए कि यह कौन है?

श्यामाप्रसाद जी ने कहा—"बोलिए बाबाजी! क्या आज्ञा है?"

वह बाबा इधर-उधर की बातें करता रहा, फिर बोला—"मैं आपकी राय लेने आया हूं।"

श्यामाप्रसाद जी ने कहा—"भई मैं तो यहां कैदी हूं। मैं क्या राय दे सकता हूं।"

इस बातचीत में लगभग डेढ़ घंटा व्यतीत हो गया। फिर वह चला गया। श्यामाप्रसाद जी सोचते रहे कि ये कौन हो सकता है और वहाँ आने का कारण क्या रहा होगा?

●●●

9

# अविस्मरणीय बलिदान

**श्या**माप्रसाद जी का स्वास्थ्य दिन-प्रतिदिन खराब होता जा रहा था। 18 मई के दिन उन्हें दाएं पैर में दर्द के साथ ज्वर भी हो गया; उनका स्वास्थ्य बिगड़ता गया और उनकी भूख भी कम होती गई। उन्हें 3 जून को पुनः वही टांग में दर्द एवं ज्वर हुआ। इस संबंध में उन्होंने अपने घर भी पत्र लिखा। वे कमज़ोर होते जा रहे थे। 18 जून को उनसे उमाशंकर त्रिवेदी मिले। उनके अनुसार डॉ. श्यामाप्रसाद जी बहुत कमज़ोर हो गए थे। त्रिवेदी जी, जिन्होंने बंदी प्रत्यक्षीकरण याचिका दायर की थी; उन्हें बड़ी कठिनाई से श्यामाप्रसाद जी से मिलने का आदेश मिला।

19 जून को श्यामाप्रसाद जी से प्रेमनाथ डोगरा ने भेंट की। वे भी उनके स्वास्थ्य को देखकर आश्चर्यचकित रह गए। उसी दिन रात्रि में उन्हें छाती में दर्द एवं तीव्र ज्वर की शिकायत हुई। 20 जून को अली मुहम्मद नामक एक डॉक्टर ने जेल में श्यामाप्रसाद जी के स्वास्थ्य का परीक्षण किया और बताया कि उन्हें सूखी प्लूरिसी हो गई है। तत्पश्चात् उन्हें वहीं स्टेप्टोमाइसिन के इंजेक्शन दिए गए जो उन्हें सूट नहीं करते थे क्योंकि डॉ. अली मुहम्मद के अनुसार, 'वे इस स्टेप्टोमाइसिन के विषय में उनसे अधिक जानते थे।'

21 जून के दिन डॉ. अली मुहम्मद नहीं आए अपितु कोई अन्य जूनियर डॉक्टर आया। डॉ. श्यामाप्रसाद जी का दर्द तेज होता गया। बीच में कुछ ठीक हुए। परंतु 22 जून को पुनः उन्हें दिल का तेज दौरा पड़ा। उनके साथी वैद्य गुरुदत्त जी ने उन्हें इलाइची एवं लौंग का काढ़ा दिया। इसके पश्चात् उन्हें थोड़ा आराम मिला और डॉ. अली मुहम्मद को तुरंत

सूचना पहुंचाई गई। डॉक्टर आया और श्यामाप्रसाद मुखर्जी को तत्काल अस्पताल ले जाने की बात कही। तब जिलाधिकारी से आदेश लेने को कहा गया। इस पर वैद्य गुरुदत्त एवं टेकचंद जी ने भी अपने लिए आदेश लेने को कहा। इस पर डॉ. अली मुहम्मद ने कहा—"मैं आपकी चिंता समझ रहा हूं, लेकिन घबराएं नहीं; वहां उनकी बेहतर देखभाल होगी।"

तत्पश्चात् श्यामाप्रसाद जी को नर्सिंग होम ले जाया गया। उमाशंकर त्रिवेदी भी न्यायालय में पिटिशन पर बहस कर श्यामाप्रसाद जी के पास पहुँचे और उन्होंने बताया की बहस हो चुकी है और संभवत: कल आदेश होने पर वे इस अस्थायी जेल से मुक्त हो जाएँगे। इससे पहले अस्पताल ले जाते समय श्यामाप्रसाद जी का स्वास्थ्य ठीक था। अस्पताल में उन्होंने त्रिवेदी जी से ठीक प्रकार से बातचीत की थी। साथ ही कुछ आवश्यक कागजात पर हस्ताक्षर भी किए। बाद में नर्सिंग होम में डॉ. श्यामाप्रसाद जी को क्या ट्रीटमेंट दिया गया, क्या हुआ यह अज्ञात ही रहा।

प्रात: डॉ. श्यामाप्रसाद जी के दोनों साथियों वैद्य गुरुदत्त व टेकचंद तथा उमाशंकर त्रिवेदी एवं प्रेमनाथ डोगरा को नर्सिंग होम बुलवाया गया। वहां उन्हें सूचना दी गई कि डॉ. श्यामाप्रसाद जी का आज (23 जून को) प्रात: 3:40 पर स्वर्गवास हो गया। यह सुनकर सभी हक्के-बक्के रह गए कि यह क्या हो गया। सभी के पैरों के नीचे से ज़मीन खिसक गई कि श्यामाप्रसाद जी को स्वस्थ हालत में नर्सिंग होम लाया गया था। वे प्रसन्न थे, फिर ऐसा क्या हो गया कि . . .?

जब यह सूचना देश के अन्य स्थानों पर पहुंची तो वहां के लोग भी स्वयं को रोक नहीं पाए कि अचानक उनका निधन कैसे हो गया? जम्मू में प्रजा परिषद् आदि के सदस्य तड़प उठे कि श्यामाप्रसाद जी ने उनके लिए अपने प्राणों का बलिदान दे दिया। वास्तव में उन्होंने कश्मीर के भारत में विलय के लिए अपने प्राण न्यौछावर कर दिए थे।

श्रीनगर से उस महान व्यक्तित्व के शव को पहले अम्बाला, फिर वहां से एक अन्य हवाई जहाज़ द्वारा कोलकाता लाया गया। अपने प्रिय नेता के अंतिम दर्शन के लिए हवाई अड्डे पर अपार जनसमूह एकत्रित था। वहां से उन्हें उनके निवास पर ले जाया गया। अंतिम दर्शनों के पश्चात् उस महान आत्मा का कोलकाता के केवरतला श्मशान घाट पर अंत्येष्टि संस्कार हुआ।

इस तरह एक महान व्यक्ति का अंत कोई सोच भी नहीं सकता था। यदि कांग्रेस सरकार चाहती तो इस महान देशभक्त के साथ मिलकर देश को नई ऊंचाइयों तक पहुंचा सकती थी; कश्मीर समस्या को तभी समाप्त कर सकती थी। लेकिन कश्मीर समस्या को तब अटकाकर आज तक गले की हड्डी बना दिया, जिसमें सैकड़ों परिवार तबाह हो चुके हैं; कई बेघर होकर इधर-उधर भटक रहे हैं। संभवत: इन सभी का आभास श्यामाप्रसाद जी जैसे महान नेता को पहले से ही था। तभी वे इतना प्रयास कर इस समस्या को उसी समय गर्त में दबा देना चाहते थे।

अधिकतर देखा गया है कि दुनिया को जो कोई भी एक नई दिशा देना चाहता है, उसका अंत बड़ा मार्मिक होता है। ऐसे बहुत-से नाम हैं, जैसे—मंगल पांडे, झांसी की रानी लक्ष्मीबाई आदि। ये देश में क्रांति की लहर लाने वाले थे लेकिन कुशासकों ने इन्हें अपनी क्रूरता का शिकार बना लिया। भगत सिंह, बटुकेश्वर दत्त, बिस्मिल्ला खां जैसे युवा क्रांति के सिरमौर अंग्रेजों की क्रूरता के शिकार हुए। उन्हीं की चिंगारी से अंग्रेजों के मन में दहशत जागी। किंतु? लाल बहादुर शास्त्री न जाने अचानक कैसे मृत्यु की नींद में सो गए! श्रीमती इंदिरा गांधी की गोली मारकर हत्या! महात्मा गांधी की गोली मारकर हत्या! डॉ. श्यामाप्रसाद मुखर्जी का रहस्यमय अंत! पं. दीनदयाल उपाध्याय की रहस्यमय हत्या आदि! ऐसा क्यों? आपने इस विषय पर कभी ध्यान दिया कि वह कौन-सी ताकत है जो राष्ट्र को प्रगति पथ पर ले जाने वालों को बीच में ही रोक देती है?

●●●

10

# निधन : संदेह

वैसे तो राष्ट्र विरोधी ताकतों को श्यामाप्रसाद जी अच्छे लगते ही नहीं थे। लेकिन श्यामाप्रसाद जी को बंदी बनाना, छोटे-से स्थान पर रखना, उनको प्रातःकाल भ्रमण के लिए न जाने देना, किसी से न मिलने देना—यहां तक कि उनके परिवार, सगे-संबंधियों तक से; उनके पत्रों की छानबीन, दीन-दुनिया की खबरों से अलग रखना, इस अस्थायी जेल से उनको प्रसन्न हालत में नर्सिंग होम ले जाना आदि सभी में एक षड्यंत्र की बू आती है। फिर भी कश्मीर सरकार ने श्यामाप्रसाद जी की मृत्यु से संबंधित जो सूचना घोषित की थी उसमें बताया गया था कि 22 जून शाम 4 बजे तक डॉ. श्यामाप्रसाद जी बहुत अच्छे थे। रात्रि के ग्यारह बजे बेचैनी होने पर उन्हें ऑक्सीजन लगाई गई। रात्रि के एक बजे के लगभग उन्हें छाती में दर्द एवं बेचैनी हुई और उन्हें एक इंजेक्शन लगाया गया। फिर प्रातः 3:40 पर उनकी मृत्यु हो गई। यह डॉ. अली मुहम्मद एवं डॉ. रामनाथ की रिपोर्ट थी। इस सूचना के विपरीत नर्सिंग होम की नर्सों के अनुसार, उनकी मृत्यु 2:30 पर हुई एवं एक बजे जो इंजेक्शन लगाया गया, उसके बाद उनकी हालत लगातार बिगड़ती गई। डॉ. रामनाथ ने डॉ. अली मुहम्मद के साथ उनका इलाज किया ही नहीं।

ऐसी बहुत-सी परिस्थितियां रहीं जिनकी अगर गहन छानबीन होती और इसमें उचित सहयोग मिलता तो उनकी मृत्यु का रहस्य निश्चित ही सामने आता और उनकी हत्या के षड्यंत्रकारियों के चेहरे भी सभी के सामने आ जाते?

जम्मू-कश्मीर उच्च न्यायालय ने बैरिस्टर उमाशंकर त्रिवेदी की बहस के बाद डॉ. श्यामाप्रसाद जी की मुक्ति के निर्णय के लिए 23 जून, 1953 की तिथि निर्धारित की थी और शत-प्रतिशत उन्हें मुक्त करने का ही निर्णय होता। अत: उनकी मुक्ति से षड्यंत्रकारियों को भय था कि उनकी मुक्ति हो गई तो क्या होगा? इसलिए उनकी हत्या करवा दी?

●●●

डॉ. श्यामाप्रसाद मुखर्जी

(7 जुलाई, 1901—23 जून, 1953)

पिता सर आशुतोष मुखर्जी के साथ बालक श्यामाप्रसाद

पत्नी श्रीमती सुधा देवी के साथ श्यामाप्रसाद मुखर्जी

डॉ. श्यामाप्रसाद मुखर्जी : मिट जाते जो मातृभूमि पर, बनते वे इतिहास हैं

भाई-बहनों के साथ बालक श्यामाप्रसाद (आगे, बाईं ओर)

संसद की एक महत्त्वपूर्ण बैठक में जाते हुए डॉ. श्यामाप्रसाद मुखर्जी; साथ में हैं तत्कालीन सार्वजनिक कार्य, बिजली व खान मंत्री एन.वी. गाडगिल

राजर्षि पुरुषोत्तम टंडन के साथ डॉ. मुखर्जी

वीर सावरकर के साथ डॉ. श्यामाप्रसाद मुखर्जी

एक महत्त्वपूर्ण सरकारी बैठक में पंडित जवाहरलाल नेहरू के साथ डॉ. श्यामाप्रसाद मुखर्जी (उनके दाहिनी ओर)

स्वतंत्र भारत के प्रथम उद्योगमंत्री डॉ. श्यामाप्रसाद मुखर्जी एक औद्योगिक इकाई का निरीक्षण करते हुए

युवा बैरिस्टर
डॉ. श्यामाप्रसाद मुखर्जी

डॉ. श्यामाप्रसाद मुखर्जी : जनसंघ के
संस्थापक अध्यक्ष के रूप में

श्रीनगर में निशातबाग स्थित
वह अस्थायी जेल जहां
डॉ. मुखर्जी को बंदी
बनाकर रखा गया था

कोलकाता में 77,
आशुतोष रोड :
डॉ. श्यामाप्रसाद मुखर्जी
का पैतृक आवास

11

# कानूनी लड़ाई

बैरिस्टर उमाशंकर त्रिवेदी ने जम्मू-कश्मीर उच्च न्यायालय में श्यामाप्रसाद मुखर्जी के लिए 'बंदी प्रत्यक्षीकरण' का मुक़दमा दायर किया था।

उमाशंकर त्रिवेदी ने मई के माह में कश्मीर सरकार को मुकदमे के संबंध में कानूनी मुद्दों पर बातचीत करने के लिए डॉ. श्यामाप्रसाद जी से मिलने के लिए आज्ञा-पत्र के लिए लिखा। बड़ी टालमटोल के बाद कश्मीर सरकार से 9 जून, 1953 को आज्ञा दी। लेकिन उसमें भी एक चाल चली गई। उनका गलत पता लिखकर उन्हें तार भेजा गया जो घूमता-फिरता उन्हें मिला। इसके बाद भी उन्हें भारत सरकार से आज्ञा-पत्र लेने में पापड़ बेलने पड़े और वे 12 जून, 1953 को श्रीनगर पहुंच सके। वे जिलाधिकारी श्रीनगर के साथ डॉ. श्यामाप्रसाद से मिले। उमाशंकर डॉ. श्यामाप्रसाद जी से अकेले में बात करना चाहते थे किंतु जिलाधिकारी ने अकेले नहीं मिलने दिया। अतः कोई बात न हो सकी। श्री त्रिवेदी जम्मू-कश्मीर उच्च न्यायालय में डॉ. श्यामाप्रसाद जी से एक 'याचिका' दायर करवाना चाहते थे, लेकिन ऐसी कोई बात न हो सकी। ऐसी याचिका के लिए ऐसा व्यक्ति आवश्यक था जो जम्मू-कश्मीर का नागरिक हो। श्री त्रिवेदी ने श्यामाप्रसाद जी के एक मित्र की सहायता से 15 जून, 1953 को एक याचिका श्यामाप्रसाद जी की ओर से दायर की। 18 जून को उन्हें जम्मू-कश्मीर न्यायालय द्वारा श्यामाप्रसाद जी से मिलने का आदेश मिला। तब राहत की साँस लेते हुए वे श्यामाप्रसाद जी से मिले और लगभग 3-4 घंटे तक उनसे कानूनी मुद्दों पर विचार-विमर्श करके कार्यवाही के लिए कागजी कार्यवाही पूर्ण की।

श्री त्रिवेदी उनसे मिलकर वापस उस होटल में चले गए, जहां वे ठहरे थे। तत्पश्चात् उन्होंने 18 जून को तारीख पर श्यामाप्रसाद जी का मुकदमा दायर किया। उन्हें 19 जून, 1953 को बहस के लिए तारीख मिली। 19 जून को उन्होंने जम्मू-कश्मीर उच्च न्यायालय में मुकदमे से संबंधित तथ्यों पर बहस की। इसके लिए उन्हें पुनः बहस के लिए 22 जून की तारीख मिली। अब उन्होंने वैद्य गुरुदत्त एवं टेकचंद शर्मा की ओर से भी याचिकाएँ दायर करने के लिए कागजात तैयार किए।

22 जून, 1953 को श्री त्रिवेदी पुनः श्यामाप्रसाद जी से मिले। उनसे बातचीत की और बहस के बारे में बताया। साथ ही वैद्य गुरुदत्त व टेकचंद शर्मा की याचिका पर दोनों के हस्ताक्षर करवाए। न्यायालय पहुँचकर बहस की, बहस के बाद जम्मू-कश्मीर उच्च न्यायालय ने इस मुकदमे का निर्णय सुनाने के लिए 23 जून, 1953 की तारीख दी।

23 जून को त्रिवेदी जी शाम को पुनः नर्सिंग होम में डॉ. श्यामाप्रसाद जी से मिले। तब श्यामाप्रसाद जी उन्हें स्वस्थ दिखाई दिए और वे प्रसन्न भी थे। उन्हें श्री त्रिवेदी ने न्यायालय की कार्यवाही के बारे में बताया और 23 जून को निर्णय होने के लिए कहा। वे उनके पास सायं 7:30 बजे तक लगभग डेढ़, पौने दो घंटे तक रुककर वापस होटल लौट गए। लेकिन देश के लिए यह दुर्भाग्य की बात रही कि न्यायालय का निर्णय सुनने से पहले ही उनके जीवन का निर्णय हो चुका था।

12 मई, 1953 को वे अपने साथियों के साथ इस जेल में बंद किए गए और 41 दिनों तक वहां रहे। उन्हें शेष दुनिया से दूर रखा गया। 42वें दिन 22 जून को उन्हें अस्पताल लाया गया और वहाँ से वे जीवित वापस नहीं लौटे। इन दिनों में उन्हें उनके सगे-संबंधियों तक से नहीं मिलने दिया गया। जबकि पंडित जवाहरलाल नेहरू 26 मई, 1953 को श्रीनगर में थे। श्यामाप्रसाद जी श्रीनगर जेल में बंद थे, लेकिन पं. जवाहरलाल नेहरू उनसे मिलने तक नहीं गए। श्यामाप्रसाद जी वहां एक महान उद्देश्य को लेकर गए थे, लेकिन वे यह नहीं जानते थे कि उनके इस महान उद्देश्य को पूरा न होने देने के कुचक्र में उन्हें अपनी जान देनी पड़ेगी।

•••

12

# एक समग्र व्यक्तित्व

**डॉ.** श्यामाप्रसाद मुखर्जी अपने प्रारंभ से ही गुणों की खान थे। जैसे उनके पिता सर आशुतोष मुखर्जी विद्वान व्यक्ति थे, वैसे ही श्यामाप्रसाद जी भी परम विद्वान थे। उनके पिता ने उन्हें ब्रिटिश सरकार के उन स्कूलों में शिक्षा नहीं दिलवाई जहां से वे अपने देश की संस्कृति से कट जाते और उनमें तब संभवत: देशप्रेम की भावना का अभाव हो जाता। इस दूरदर्शिता का परिचय उनके पिता ने दिया। अपने शिक्षा काल से ही श्यामाप्रसाद जी ने पत्रकारिता के क्षेत्र में कदम रख दिया था। उन्होंने बंगवाणी से एक दैनिक समाचार पत्र 'दी नेशनलिस्ट' का भी प्रकाशन किया। शिक्षा के क्षेत्र में छात्रों के लिए विशेष कार्य किए।

राजनीति के क्षेत्र में तो उन्होंने अनूठे आयाम स्थापित किए। नेहरूजी भी उनके तर्कपूर्ण प्रश्नों का उत्तर नहीं दे पाते थे। उनके धड़धड़ाते भाषणों के कारण उन्हें लोकसभा का सिंह कहा जाने लगा था। साथ ही उन्हें भविष्य के प्रधानमंत्री के रूप में देखा जाने लगा था। वर्ष 1950 में श्यामाप्रसाद जी ने केंद्रीय मंत्रिमंडल से त्यागपत्र दे दिया था क्योंकि पूर्वी बंगाल में अल्पसंख्यकों के रूप में हिन्दुओं की स्थिति बदतर होती जा रही थी और कांग्रेस सरकार हाथ पर हाथ रखकर मात्र समझौते करने में ही उलझी हुई थी और अपने देश के हिन्दुओं पर ध्यान न देकर पाकिस्तान की ओर अधिक ध्यान दे रही थी। उनकी बातों को सही मान रही थी। पूर्वी बंगाल में हिन्दू महिलाओं की इज्जत से खिलवाड़ कर उन्हें वहां से भगाया जाने लगा। अनेक स्थानों पर ज़ोर-ज़बरदस्ती कर उन्हें मुस्लिम धर्म स्वीकार करने के लिए बाध्य किया गया। जो हिन्दू वहां से

घर-बार छोड़कर भारत आ गए; उनके घरों में मुसलमानों को बसा दिया गया। पाकिस्तान में आने-जाने के लिए पासपोर्ट एवं वीसा प्रणाली के संबंध में पाकिस्तान ने चाल चली और 15 अक्टूबर, 1952 को यह व्यवस्था लागू कर दी। अब तो हिन्दुओं का पाकिस्तान जाकर अपना बचा-खुचा सामान लाने तथा लोगों के आने-जाने पर प्रतिबंध लग गया। श्यामाप्रसाद जी ने इस विषय की गंभीरता जवाहरलाल नेहरू को बताई। लेकिन पं. नेहरू अपनी ही नीति के अनुसार चले। तब श्यामाप्रसाद जी ने अन्य दलों से वार्ता करके एक संयुक्त दल बनाया। सबने मिलकर पाकिस्तान में जो अल्पसंख्यक हिन्दू थे, उनकी रक्षा, उनको वापस लाने के क्षेत्र में कार्यवाही की मांग की।

श्यामाप्रसाद जी ने कहा था—"अल्पसंख्यक हिन्दुओं की सुरक्षा की ज़िम्मेदारी निभाने के लिए पाकिस्तान सरकार की इच्छा की विफलता के कारण भारत को विभाजन की समस्या को दोबारा से देखना चाहिए। हमारी सरकार की कमज़ोरी के कारण ही पाकिस्तान को ऐसी कार्यवाही करने के लिए बल मिलता जा रहा है। भारत और पाकिस्तान के बीच कई समझौते हो चुके हैं किंतु पाकिस्तान ने कुछ नहीं किया। उन समझौतों को ताक पर रखता गया; भारत को धोखा देता गया। अब इन समझौतों की नीतियों को बदलना होगा।"

श्यामाप्रसाद जी ने यह मुद्दा लोकसभा में उठाया था और कहा था—"आज की जो स्थिति है उसके अनुसार हिन्दू अल्पसंख्यकों का पाकिस्तान में रहना संभव नहीं है। संसद यह निर्णय करे कि उनके संरक्षण के लिए कोई कदम उठा सकेगी अथवा नहीं?"

पाकिस्तान के विभाजन के मुद्दे पर उन्होंने कहा था—"जिन शर्तों पर, जिस आधार पर देश का विभाजन हुआ था, उन शर्तों को पाकिस्तान ने माना था। किंतु अब वह उससे मुकर रहा है। अत: विभाजन पर जो शर्तें लागू थीं, वह उनके न माने जाने पर समाप्त होती हैं और भारत भी उनसे बँधा नहीं है। यह शब्द प्रधानमंत्री महोदय ने स्वयं कहे हैं कि विभाजन की मुख्य शर्त यह थी कि वह (पाकिस्तान) अल्पसंख्यकों की सुरक्षा का ज़िम्मेदार होगा।"

पाकिस्तान में हिन्दुओं पर हुए अत्याचार, महिलाओं की इज्जत से

खिलवाड़ आदि के संबंध में श्यामाप्रसाद जी ने लोकसभा में कई प्रमाण प्रस्तुत किए। उन्होंने कहा—"इस घटना का प्रभाव पूरे देश पर पड़ता है।" उन्होंने पं. नेहरू की नीति पर कहा—"मुझे यह सुनकर घोर आश्चर्य होता है कि पं. नेहरू यह कहते हैं कि वे इसका कोई हल नहीं ढूंढ़ सकते। वे तुष्टीकरण को महत्त्व देते हैं और इसके लिए कार्य भी करते हैं लेकिन यह किस कीमत पर? वे अगर इसे स्वयं की कीमत पर कर रहे हैं तो शिकायत की कोई बात नहीं, लेकिन यदि वे इसे देश की कीमत पर कर रहे हैं तो उन्हें इसका कोई अधिकार नहीं है। प्रधानमंत्री स्वयं कहते हैं कि वे सांत्वना देने की नीति में विश्वास करते हैं, यह सत्य है। लेकिन सांत्वना के क्या साधन हैं? किसी नासूर पर चंदन का तेल लगाकर इलाज नहीं किया जाता। इसके लिए बीमारी की जड़ तक पहुँचना होता है। जबकि वास्तविकता यह है कि सरकार वास्तविक समस्याओं से मुँह मोड़ रही है।"

अपने भाषण का समापन करते हुए उन्होंने कहा—"निश्चय ही शांति की आवश्यकता है, लेकिन वह भी सम्मानसहित। अगर हम इस समस्या का शांतिपूर्वक समाधान ढूँढ़ने के लिए योजना बनाकर कार्य कर सकते हैं तो हमें वही करना चाहिए। अगर ऐसा नहीं कर सकते तो हमें किसी अन्याय के समक्ष नतमस्तक भी नहीं होना चाहिए।"

इस तरह उन्होंने अल्पसंख्यकों के लिए लोकसभा में भाषण देकर ऐसा गंभीर दृश्य दिखा दिया, मानो वे घटनाएं उनके समक्ष घट रही हों। तत्पश्चात् वे जीवनपर्यंत देश की राजनीति में अपना महत्त्वपूर्ण योगदान देते रहे। कश्मीर की समस्या जब सिर से ऊपर जाने लगी और इस पर नेहरू जी की नीति अड़ियल रही, तब श्यामाप्रसाद जी स्वयं जम्मू-कश्मीर की स्थिति से निबटने एवं वहां की समस्या को; वहां के लोगों के दर्द को स्वयं अनुभव करने के लिए जम्मू गए। उनके वहां पहुंचने से कुछ लोगों को अपनी स्थिति डगमगाती दिखाई देने लगी। तब उन्होंने षड्यंत्र का ऐसा ताना-बाना बुना कि डॉ. श्यामाप्रसाद मुखर्जी वहां से वापस न आ सके।

डॉ. श्यामाप्रसाद जी की रग-रग में देशभक्ति की भावना कूट-कूटकर भरी हुई थी। देश के लिए कुछ करने वालों के विषय में जानकर वे बड़े प्रसन्न होते थे। वे राष्ट्र-हित में कार्य करने वालों के बारे में जानकारी

भी रखते थे। उनके इस विशेष गुण का आभास उनके उस पत्र से मिलता है जो उन्होंने 6 जून, 1953 को अपने एक मित्र को श्रीनगर जेल से लिखा था। यह पत्र उन्होंने तेनज़िंग नार्गे के दल के एवरेस्ट विजय एवं एवरेस्ट पर्वत का नाम किसके नाम पर हो, इस विषय के संबंध में लिखा था। उस पत्र में उन्होंने लिखा था–

"एवरेस्ट विजय ने हमें विशुद्ध हर्ष दिया है। लेकिन तेनज़िंग, जो यद्यपि पहले पहुंचे और जो असली पथदर्शक हैं, उन्हें संसार से मिश्रित अभिनंदन मिला। कलकत्ता में उनका अभिनंदन निश्चय ही अमिश्रित गर्व और प्रशंसापूर्ण रहा होगा। इस गर्वोन्नत विशाल पर्वत का असली अन्वेषक एक बंगाली परिमापक था जिसका नाम संभवतः 'सिकदार' था। मगर उसका नाम अकेले बड़े साहित्य एवरेस्ट के नाम पर पड़ा, यह भी जीवन की एक विडम्बना है।"

इस तरह श्यामाप्रसाद जी ने अपनी सच्ची देशभक्ति राष्ट्र के लोगों के प्रति प्रकट की कि उस विशाल ऊंचे पर्वत का नाम उस भारतीय के नाम पर होना चाहिए था जिसने वास्तव में सबसे पहले उसकी खोज की।

श्यामाप्रसाद जी के जीवन में धर्म का विशेष महत्त्व था। वे हिन्दू तथा हिन्दुत्व की रक्षा के लिए सदैव तत्पर रहते थे। वे 'काली' का पाठ किया करते थे। वे बौद्ध मत से बहुत प्रभावित थे। डॉ. श्यामाप्रसाद जी 'महाबोधि सोसाइटी' के अध्यक्ष थे। महात्मा बुद्ध एवं सांस्कृतिक धरोहरों के बारे में उनके विचार उनके उन भाषणों से पता चलते हैं जो उन्होंने सांची के नवीन विहार में गौतम बुद्ध के शिष्यों के पवित्र भस्मावशेष की पुनर्स्थापना के समय दिए थे। लेकिन उससे पूर्व उन पवित्र भस्मावशेषों के विषय में संक्षिप्त जानकारी देना उचित रहेगा। साँची मध्य प्रदेश के विदिशा ज़िले में है। यह विदिशा से 10 किलोमीटर की दूरी पर स्थित है। सांची के स्तूपों का निर्माण तीसरी से 12वीं शताब्दी में हुआ था। यह भगवान् बुद्ध की शिक्षाओं का प्रमुख केन्द्र था। सांची के 8 स्तूपों का निर्माण सम्राट अशोक ने करवाया था। कालांतर में इन स्तूपों में भगवान् बुद्ध के दो मुख्य शिष्यों महामोग्गलायन एवं सारिपुत्र के पवित्र भस्मावशेष रखे थे जो ब्रिटिश शासन के समय वहाँ से हटाकर इंग्लैंड के एक संग्रहालय में रख दिए गए थे। लेकिन जब भारत को स्वतंत्रता मिली,

तब इन भस्मावशेष को वापस लाना निश्चित हुआ और वहां से ये वापस लाए गए। सांची में पुन: स्थापित करने से पूर्व बौद्ध धर्म को मानने वाले अन्य देशों जैसे—श्रीलंका, कम्बोडिया, यांगून आदि ने भी इच्छा प्रकट की कि हम इन अवशेषों के दर्शन और पूजन चाहते हैं। चूंकि डॉ. श्यामाप्रसाद जी 'महाबोधि सोसाइटी' के अध्यक्ष भी थे, अत: वे इन भस्मावशेष को दर्शनार्थ श्रद्धालु देशों में ले गए।

इन भस्मावशेषों की पुनर्स्थापना के समय एक अंतर्राष्ट्रीय सांस्कृतिक कार्यक्रम आयोजित किया गया था जिसमें कई देशों के प्रमुख व्यक्तियों ने भाग लिया था। इस कार्यक्रम की अध्यक्षता तत्कालीन उपराष्ट्रपति सर्वपल्ली राधाकृष्णन ने की थी। इस कार्यक्रम में अनेक विद्वानों ने अपने अपने विचार व्यक्त किए थे।

डॉ. श्यामाप्रसाद ने कहा था—"स्वतंत्रता मिलने के पश्चात् दक्षिण-पूर्वी एशिया के कई देश बौद्ध सांस्कृतिक एवं धार्मिक दर्शन के लिए प्रयासरत रहे हैं। इस दिशा में भारत उनकी आध्यात्मिक जननी है। सांची जैसे सांस्कृतिक केंद्र गिने-चुने शिक्षित-लोगों के लिए ही सीमित नहीं होने चाहिएं; बल्कि शिक्षित लोगों द्वारा उन लोगों के लिए भी—जो साधनहीन हैं, के लिए विचार और सेवा का ऐसा प्रवाह होता रहना चाहिए जिससे अज्ञान, दरिद्रता, अंधविश्वास आदि में बंधे लोग ये उचित प्रेरणा ले सकें और सामाजिक तथा आर्थिक दृष्टि से स्वतंत्र भारत के अच्छे नागरिक के योग्य बन सकें।"

महात्मा बुद्ध के बारे में उन्होंने अपने विचार रखे—"भारत की वसुंधरा पर गौतम बुद्ध का जन्म एक घटनामात्र ही नहीं है। अनंत काल से भारत की प्रतिभा ऐसे शक्तिसंपन्न व्यक्तियों, साधु-संतों तथा विद्वानों के कार्यों एवं शब्दों से प्रतिबिम्बित होती रही है जिन्होंने समाज की परिवर्तनीय आवश्यकताओं और आकांक्षाओं को ध्यानगत रख देशसेवा में अपनी बुद्धि से सदुपयोग कर उसका पथ-प्रदर्शन किया। जब धर्म गतिरुद्ध हुआ और धार्मिक प्रथाओं के बाह्य आडम्बरों ने धर्म की आत्मा का हनन किया, तब ये साधु प्रकट हुए और इन्होंने विनाश से उनकी रक्षा की। 2500 वर्ष पूर्व गौतम बुद्ध ने मानव की वैज्ञानिक दृष्टिभंगिमा का प्रतिनिधित्व किया। उन्होंने यह घोषणा की कि वे पूरे गवेषणात्मक

विश्लेषण और समाधान से किसी भी वस्तु को सत्य मानने के लिए कदापि तत्पर नहीं है। भगवान् बुद्ध ने हमें शांति का मार्ग दिखाया। यह शांति श्मशान की शांति नहीं अपितु जीवन की शांति है जो जीवन के यथार्थ को उचित अंगीकार कर उसके गहन अध्ययन से आती है। शांति तभी स्थायी हो सकती है जब वह पाप पर विजय पा ले और मनुष्य के आध्यात्मिक तथा भौतिक आवेगों में सामंजस्य उत्पन्न कर सके, जिससे मनुष्य उनके उपदेशों को व्यावहारिक रूप देकर स्वयं को विधाता की कल्पना के अनुरूप बना सके और वैसा ही आचरण करे।"

इस भाषण के विषय में वहां उपस्थित सभी लोगों ने उनकी बहुत प्रशंसा की, जो उनके व्यक्तित्व को गरिमामय बनाती है।

इस प्रकार श्यामाप्रसाद मुखर्जी एक महान देशभक्त, विद्वान और पूर्ण रूप से देश के लिए, हिन्दुत्व के लिए समर्पित व्यक्ति थे। वे मात्र 52 वर्ष तक ही जीवित रहे। चूँकि उनकी अकाल मृत्यु हुई, लेकिन इन बावन वर्षों में वे देश के लिए इतना कुछ कर गए जो कि चिरकाल तक नहीं भुलाया जा सकेगा।

•••

# 13

# एक माँ का पत्र

20 अगस्त 2000 के 'पांचजन्य' के अंक में डॉ. श्यामाप्रसाद मुखर्जी की माता योगमाया देवी का वह पत्र प्रकाशित हुआ जो उन्होंने पुत्र की मृत्यु के उपरांत पंडित जवाहरलाल नेहरू को लिखा था–

प्रिय श्री नेहरू,

आपका दिनांक 30 जून का पत्र डॉ. विधान चंद्र राय (बंगाल के तत्कालीन मुख्यमंत्री) ने 2 जुलाई को मेरे पास भेजा। संवेदना एवं सहानुभूति के संदेश के लिए मैं आपको धन्यवाद देती हूं।

राष्ट्र मेरे प्रिय पुत्र के निधन का शोक मना रहा है। उन्हें एक शहीद की मृत्यु प्राप्त हुई है। उनकी माँ होने के नाते मुझे जो शोक है, वह इतना गहरा और अनन्य है कि शब्दों में उसे व्यक्त नहीं किया जा सकता।

मैं आपसे सांत्वना प्राप्त करने के लिए आपको यह पत्र नहीं लिख रही हूँ; किंतु मैं आपसे न्याय की मांग करती हूँ। मेरे पुत्र की मृत्यु नज़रबंदी में—बिना मुकदमा चलाए नज़रबंदी में हुई। आपने अपने पत्र में यह समझाने की कोशिश की है कि कश्मीर सरकार ने वह सब कुछ किया जो किया जाना चाहिए था। आपकी धारणा उन आश्वासनों और सूचनाओं पर आधारित है, जो आपको प्राप्त हुई हैं। मैं पूछती हूं कि ऐसी सूचना का क्या मूल्य है जब यह ऐसे व्यक्तियों द्वारा दी गई हो जिन पर खुद मुकदमा चलना चाहिए। आपका कहना है कि आप मेरे पुत्र की नज़रबंदी के दौरान कश्मीर में थे। परंतु हैरानी है कि उनसे व्यक्तिगत रूप से वहाँ मिलने और उनके स्वास्थ्य तथा प्रबंध के बारे में अपने आपको संतुष्ट कर लेने से आपको किसने रोका था?

उनकी मृत्यु रहस्यमय परिस्थितियों में हुई है। क्या यह अत्यधिक आश्चर्यजनक एवं स्तब्धकारी नहीं है कि जब से उन्हें वहां नज़रबंद किया गया, उसके बाद मुझे, जो मैं उनकी माँ हूं, सबसे पहली सूचना जो कश्मीर सरकार से मिली वह यह थी कि आपके पुत्र अब इस संसार में नहीं रहे और वह भी उनकी मृत्यु के कम-से-कम दो घंटे के उपरांत? और यह संदेश कितने निर्दयतापूर्वक संक्षिप्त तरीके से भेजा गया था। उन्होंने लिखा था कि 'उन्हें अस्पताल ले जाया गया है', यह संदेश उनकी मृत्यु के दुःखद समाचार के बाद हमारे पास पहुंचा। मेरे पास इस बात की पक्की जानकारी है कि मेरा पुत्र अपनी नज़रबंदी के दौरान लगभग आरंभ से ही अस्वस्थ था। कश्मीर की सरकार अथवा आपकी सरकार को भी मेरे पास अथवा मेरे परिवार के पास वह सभी जानकारी भेजने के लिए क्यों नहीं कहा गया, जो कुछ भी आपके या उनके पास थी?

यह बात भी साफ है कि कश्मीर सरकार ने श्यामाप्रसाद के स्वास्थ्य के बारे में उसके पिछले इतिहास को जानने की कभी परवाह नहीं की और आवश्यकता पड़ने पर 'नर्सिंग होम' की व्यवस्था करने तथा आपातकालीन चिकित्सा सुविधा उपलब्ध कराने की चिंता नहीं की। यहां तक कि उसके बार-बार बीमार होने को भी एक चेतावनी के रूप में नहीं लिया गया। किसी प्रकार की भी चिकित्सकीय सहायता उपलब्ध कराने में अनावश्यक विलम्ब, अत्यधिक नासमझ तरीके से उन्हें अस्पताल ले जाया जाना, यहां तक कि अस्पताल में उनके साथ उनके दो नज़रबंद सहयोगियों को उपस्थित रहने की अनुमति देने से इंकार करना, संबंधित अधिकारियों के क्रूर व्यवहार के कुछ जीते-जागते उदाहरण हैं।

मेरा उन (कश्मीर सरकार) पर यह आरोप है कि उन्होंने अपने इस नियत कर्तव्य का पालन करने में घोर उपेक्षा की और वे इसके निर्वहन में विफल रहे। यह एक ऐसा विषय है, जिसकी जांच होनी चाहिए। आपको यह जानकर हैरानी होगी कि उन्होंने जो पत्र दिनांक 15 जून को लिखा था; वह हमें कश्मीर सरकार द्वारा 24 जून को अर्थात् उनका शव भेजने के एक दिन बाद एक पैकेट में डालकर भेजा गया, और वह

पैकेट गत 27 जून को हमें मिला? मुझे आपसे यह सुनकर आश्चर्य और शर्म महसूस होती है कि उन्हें किसी कारागार में नहीं, अपितु श्रीनगर की सुप्रसिद्ध डल झील के किनारे एक निजी बंगले में ठहराया गया था। क्या कोई सोच सकता है कि एक सोने के पिंजरे में कैदी खुश रहता है? स्वतंत्र भारत का एक निर्भीक सपूत बिना मुकदमा चलाए, नज़रबंदी में अत्यधिक दुखांत एवं रहस्यमय परिस्थितियों में मृत्यु को प्राप्त हुआ है। मैं, उस महान दिवंगत आत्मा की माँ, यह मांग करती हूं कि इसकी स्वतंत्र और सक्षम व्यक्तियों द्वारा अविलम्ब एक पूर्णतया निष्पक्ष एवं खुली जांच होनी चाहिए। मैं यह जरूर चाहती हूं कि एक स्वतंत्र देश में घटित इस महान दुखांत घटना के बारे में भारत की जनता स्वयं निर्णय करे कि इसके असली कारण क्या थे और आपकी सरकार ने इसमें क्या भूमिका अदा की?

यदि किसी व्यक्ति द्वारा, चाहे वह कितना ही बड़ा क्यों न हो, कहीं कोई गलती की गई है तो न्याय अपना काम करे और जनता सावधान हो जाए ताकि स्वतंत्र भारत में फिर कभी किसी माँ को इसी पीड़ा और शोक के साथ आँसू न बहाने पड़ें।

आपने मुझे अपने योग्य सेवा से बिना किसी हिचकिचाहट के सूचित करने की महत्ती कृपा की है। मेरी ओर से, भारत की माताओं की ओर से हमारी यही माँग है। भगवान् आपको साहस दें कि आप सत्य को प्रकाश में आने दें।

मेरे आशीर्वाद सहित

शोकाकुल,

भवदीय

ह./ योगमाया देवी

•••

# 14

# क्या कहते हैं महान लोग

"जन्मभूमि के लिए लड़ने वाले एक सच्चे योद्धा के समान डॉ. मुखर्जी ने कश्मीर के विलय के युद्ध में मोर्चे पर लड़ते हुए अपने प्राण दिए।" **—श्री माधवराव सदाशिवराव गोलवलकर (गुरुजी)**

"उनके निधन से देश का एक महान् देशभक्त एवं जन्मजात संसद शिष्ट नष्ट हो गया।" **—श्री विनायक दामोदर सावरकर**

"अपने स्वयं के देश की स्वदेशी सरकार के उन व्यक्तियों द्वारा गिरफ्तार होना जो कभी सम-सत्ताधीश थे एवं फिर कारागृह में ही मृत्यु का वरण करना, एक संघर्षरत् जीवन के उपयुक्त ही है। क्या हम यह आशा करें कि अमेरिकी दर्शकों के शूद्र पत्रों से परितुष्ट भारत सरकार जिसने सभी सभ्य सरकारों द्वारा गृहीत औचित्य और न्याय को तिलांजलि दे रखी है, इस घटना से अपने व्यवहार की जघन्यता महसूस करेगी?"
**—डॉ. एम.आर. जयकर (विख्यात कानूनविद्)**

"वे एक महान् देशभक्त तथा अपने उद्देश्यों की लड़ाई में एक महान् योद्धा थे।" **—आचार्य जे.बी. कृपलानी**

"डॉ. मुखर्जी ही एकमात्र ऐसे व्यक्ति थे जिनके सम्मुख प्रधानमंत्री नेहरू को भी झुकना पड़ता था और जिनके साथ संसद के कई वाग्युद्धों में श्री नेहरू को परास्त होना पड़ा था।" **—डॉ. लंकासुंदरम (सांसद)**

"उनके बिना देश नि:संदेह और निर्धन हो गया है। उनसे बड़ी-बड़ी आशाएँ थीं।" **—राजर्षि पुरुषोत्तम दास टंडन**

"अखंड भारत के लिए श्यामाप्रसाद के बलिदान से देश को अपूर्णीय क्षति हुई है।" **—क्रांतिकारी नेता तारकनाथ दास**

•••

# 15

# डॉ. मुखर्जी ने हमें रास्ता दिखाया

**भा**रत की भूमि पर भारतमाता की कोख से अनेक महापुरुषों ने जन्म लिया है। डॉ. श्यामाप्रसाद मुखर्जी का इतिहास में एक महत्त्वपूर्ण स्थान है। किसी ने ठीक ही कहा है कि वे भारतमाता के महान् सपूत थे। उन्होंने देश के निर्माण में योगदान दिया, अपने ढंग से स्वतंत्रता के आंदोलन को सहयोग दिया, उग्र बनाया, स्वदेश और स्वदेशी की भावना जागृत की और जहां अन्याय का विरोध करना जरूरी था वहां अन्याय का विरोध भी किया।

एक प्रखर राष्ट्रवादी के नाते डॉ. श्यामाप्रसाद मुखर्जी सदा याद किए जाएँगे, राजनीति में उनका प्रवेश हिन्दू महासभा के माध्यम से हुआ, उस समय हिन्दू महासभा और कांग्रेस के अधिवेशन साथ-साथ होते थे। दोनों के बीच में खाई नहीं थी, अस्पृश्यता की दीवार नहीं थी। यह तो नई पैदावार है। चूंकि हिन्दू महासभा और कांग्रेस के अधिवेशन साथ-साथ होते थे और इसलिए बाद में स्वाधीनता की प्राप्ति के बाद जो स्वतंत्र भारत की प्रथम सरकार बनी, प्रथम मंत्रिमंडल गठित हुआ, उसमें डॉ. श्यामाप्रसाद मुखर्जी का समावेश किया गया था। देश स्वाधीन हो गया। अब हम मिलकर इस देश को आगे बढ़ाएं, विकास करें, वैचारिक मतभेदों को थोड़ी देर के लिए रोक दें, विराम दे दें। अगर पूर्णविराम नहीं तो अर्धविराम तो दे ही दें और स्वतंत्र भारत को समृद्ध, शक्तिशाली और स्वाभिमानी बनाने के कार्य में जुट जाएं। इन्हीं बातों को ध्यान में रखकर प्रथम मंत्रिमंडल का गठन हुआ था।

बाद में मतभेद होने के कारण डॉ. मुखर्जी ने केंद्रीय सरकार से त्यागपत्र दे दिया। मतभेदों के बाद त्याग-पत्र देना आवश्यक भी था। लेकिन उसके कारण आपस की सद्भावना कम नहीं हुई, आपस में मनोमालिन्य

नहीं हुआ। इस देश में राजनीतिक मतभेद तो होते रहेंगे, लेकिन ईमानदारी पर शक नहीं होना चाहिए।

मुझे याद है कि डॉ. मुखर्जी बहुत बड़ी पार्टी के नेता नहीं थे। लोकसभा में डॉ. मुखर्जी बड़े नेता थे परंतु पार्टी उस समय छोटी थी। लेकिन डॉ. मुखर्जी बिना बनाए हुए, बिना किसी के बताए हुए विरोधी दल के मान्य नेता बन गए। किसी ने कहा भी कि आपको तो नेता बनाया नहीं गया है, नेता चुना नहीं गया है तब मैं वहीं खड़ा था। मुझे उनके साथ काम करने का सौभाग्य मिला था। मैंने कहा कि जंग में शेर को कोई राजमुकुट नहीं पहनाता, वह तो स्वयं राजा है। डॉ. मुखर्जी जहां होंगे, वहां अपनी आभा बिखेरेंगे। जहां होंगे, वहां विद्वता की बात करेंगे। राष्ट्र प्रेम पर बल देंगे और इसी तरह से उन्होंने विरोधी दल के नेता को जिम्मेदारी निभाई।

राष्ट्र की एकता और अखंडता के प्रति वे समर्पित थे। जब उन्होंने देखा कि जम्मू-कश्मीर के शेष भारत में एकीकरण के सवाल को लेकर कुछ मतभेद खड़े हो गए हैं तो उन्होंने आंदोलन का रास्ता पकड़ा। वे श्रीनगर गए। मैं उस यात्रा में उनके साथ था। वे नहीं चाहते थे कि जम्मू-कश्मीर और शेष भारत में किसी तरह की बाधा रहे; किसी तरह की रुकावट रहे। वे भावनात्मक एकता के लिए काम कर रहे थे।

उन्हें गिरफ्तार कर लिया गया और दु:खद प्रसंग यह है कि वे फिर कश्मीर से वापस नहीं लौटे। उन्होंने मुझे वापस भेज दिया कि 'जाओ और जाकर देशवासियों से कहो कि देखो मैं जम्मू-कश्मीर में प्रविष्ट हो गया हूं। मगर एक कैदी की हैसियत से प्रविष्ट हुआ हूं।' मृत्यु ने उनको मुक्ति दे दी। जब कभी हम उनके जन्म का उल्लेख करते हैं तो उनकी पुण्य-तिथि भी हमें याद आ जाती है।

डॉ. मुखर्जी ने उस जमाने में अलग-अलग दलों को मिलाकर मतभेदों के बावजूद संयुक्त सरकार बनाकर काम किया। फजलुलहक के साथ सरकार बनाई। उनका उद्देश्य था कि बंगाल में लोकतंत्र चले और बंगाल समृद्धि के रास्ते पर बढ़े। वे मानते थे कि देश में दो-तीन बड़े दल होने चाहिएं। प्रतिपक्ष अगर सबल नहीं होगा तो फिर लोकतंत्र को कारगर तरीके से व्यवहार में नहीं लाया जा सकता। यह बात वे इसलिए नहीं कहते थे कि वे विरोधी दल के नेता थे, बल्कि वे यह बात इसलिए

कहते थे कि सचमुच में लोकतंत्र की सफलता के लिए दल सुदृढ़ हो, दलों में अनुशासन रहे, साथ ही दलों में परस्पर सहयोग भी हो। राष्ट्रहित के सवाल पर सब मिलकर काम करें और ऐसा ही हुआ था।

लोकसभा के लिए निर्वाचित होने के बाद डॉ. श्यामाप्रसाद मुखर्जी ने राष्ट्रीय लोकतांत्रिक मोर्चे (नेशनल डेमोक्रेटिक फ्रंट) का गठन किया था। शायद वही 'नेशनल डेमोक्रेटिक फ्रंट' अब 'नेशनल डेमोक्रेटिक एलायंस' के रूप में प्रकट हुआ है। उस समय कई दल जुड़े। गणतंत्र परिषद्, अकाली दल सबको इकट्ठा करके उन्होंने लोकसभा में एक सबल प्रतिपक्ष बनाया। सरकार पर अंकुश लगाने का काम किया। उस काल में प्रतिपक्ष कमज़ोर था, फिर भी जिनके हाथ में सत्ता थी उनमें यह भाव पैदा नहीं हो सकता कि वे विरोध के प्रति असहिष्णु हो जाएँ।

हम मिली-जुली सरकारों के युग में प्रवेश कर गए हैं। अगर किसी एक दल को बहुमत नहीं मिलता, तो कई दल मिलकर काम करें। सबकी विचारधारा एक जैसी हो, जरूरी नहीं है। लेकिन सबके मन में एक भाव होना चाहिए। हम जनता के कल्याण के लिए, देश के भले के लिए इकट्ठे हुए हैं। कार्यक्रम के आधार पर एक हो सकते हैं। उस कार्यक्रम को ईमानदारी से लागू किया जा सकता है, लागू किया जाना चाहिए। डॉ. मुखर्जी ने हमें रास्ता दिखाया।

उस जमाने में जब उन्हें उद्योग मंत्रालय दिया गया तो उन्होंने ऐसे कारखाने लगवाए जो आधारभूत उद्योग हैं, जिनके बिना देश का उद्योगीकरण नहीं हो सकता। अपनी ज़िम्मेदारी निभाई। प्रामाणिक मतभेद हुए तो मंत्री पद भी छोड़ दिया। लोकसभा में बहस का श्रेष्ठ स्तर रखा। वह दृश्य देखने लायक होता था जब वे प्रतिपक्ष में खड़े होकर सत्ता पक्ष पर हमला करते थे। आनंद आता था। आज उतना आनंद नहीं आता। आज शोर ज्यादा होता है। तर्कपूर्ण ढंग से अपनी बात कहने की तैयारी कम दिखाई देती है।

पड़ोस के देश में जब लोकतंत्र समाप्त हो गया है; सैनिक तानाशाही हो गई है, तब हमारी जिम्मेदारी और भी बढ़ जाती है। हम राजनीतिक मतभेदों के बावजूद मिलकर काम करने के लिए तैयार रहें और मैं देखता हूँ कि तैयार होते भी हैं, जब राष्ट्र पर संकट आता है। इस राष्ट्र

में कुछ ऐसी विशेषता है कि संकट के समय पूरा राष्ट्र इकट्ठा हो जाता है, मिलकर खड़ा हो जाता है। अभी कारगिल युद्ध में सबने यह प्रत्यक्ष देखा। हमारा पड़ोसी समझता था कि नई दिल्ली में कोई सरकार नहीं है, है तो कामचलाऊ सरकार है। इस पर हमला कर दो। उनकी ज़मीन हथिया लो और फिर खाली करने से इंकार कर दो। उन्होंने ऐसा ही किया। किंतु देश तैयार था। बिगुल बजा और देश तैयार हो गया। सेनाएं सजग हो गईं। खतरे की घंटी बजी और देश ने कमर कस ली और हमने कहा कि तब तक इस क्षेत्र में शांति नहीं होगी जब तक सारा कारगिल का इलाका हमारे पास वापस नहीं आएगा, जब तक कारगिल का इलाका खाली नहीं किया जाएगा। और कारगिल का इलाका आज हमारे पास है।

डॉ. मुखर्जी की जन्मशताब्दी पर हम संकल्प लें कि राजनीतिक और वैचारिक मतभेदों के रहते हुए भी हम एक राष्ट्र के नाते खड़े रहेंगे, एक राष्ट्र के नाते इसकी सेवा करेंगे और अच्छी सरकार चलाकर जनता की इच्छाएँ और अपेक्षाएँ पूरी करेंगे।

डॉ. मुखर्जी देश के लिए जन्मे, जिए, जूझे और अंत में मृत्यु को प्राप्त हुए। हम उनके सही उत्तराधिकारी सिद्ध हों, भगवान् हमें इसके लिए शक्ति दे। (अटल बिहारी वाजपेयी, भूतपूर्व प्रधानमंत्री)

•••

## 16

# कश्मीर बचा उनके बलिदान से

सन् 1953 की 23 जून को पूरा देश अकस्मात् यह सुनकर सन्न रह गया था कि डॉ. श्यामाप्रसाद मुखर्जी का जम्मू-कश्मीर की राजधानी श्रीनगर में वहाँ के 'प्रधानमंत्री' शेख अब्दुल्ला के बंदीगृह में प्राणांत हो गया। स्वाधीन भारत के प्रथम मंत्रिमंडल के पूर्व सदस्य, नवोदित भारतीय जनसंघ के अध्यक्ष और नए संविधान के अंतर्गत निर्वाचित प्रथम लोकसभा में विपक्ष का प्रभावी स्वर डॉ. मुखर्जी के आकस्मिक निधन के समाचार से पूरे देश में शोक की लहर फैल गई थी। कोलकाता में उनकी विराट शवयात्रा में पूरा बंगाल ही क्या मानो पूरा देश उमड़ पड़ा था। 11 मई को डॉ. मुखर्जी ने बिना प्रवेश पत्र लिए जम्मू-कश्मीर राज्य में पूर्ण स्वस्थ शरीर के साथ प्रवेश किया था। उन्हें तुरंत गिरफ्तार कर श्रीनगर भेजकर एक मकान में नज़रबंद कर दिया गया। नज़रबंदी काल में उनकी बीमारी की कोई सूचना किसी को नहीं दी गई थी। केवल उनकी मृत्यु की सूचना ही यकायक दी गई। करोड़ों संदेह की उंगलियां शेख अब्दुल्ला की ओर उठी थीं। बंगाल के काँग्रेसी मुख्यमंत्री डॉ. विधानचंद्र राय ने शेख अब्दुल्ला को तार देकर पूछा था कि डॉ. श्यामाप्रसाद मुखर्जी के पारिवारिक चिकित्सक होने के नाते उनकी अस्वस्थता की सूचना उन्हें क्यों नहीं दी गई?

प्रथम लोकसभा के गठन के कुछ महीनों बाद ही सितम्बर 1952 में डॉ. श्यामाप्रसाद मुखर्जी कश्मीर गए थे और जम्मू की एक विशाल जनसभा में उन्होंने घोषणा की थी—"मैं आपको भारतीय संविधान के अंतर्गत लाऊँगा अन्यथा इसके लिए मैं अपना बलिदान दे दूंगा।" उन्होंने

अपना वचन निभाया। जम्मू-कश्मीर प्रजा परिषद् के 'एक देश में दो प्रधान, दो विधान, दो निशान नहीं चलेंगे, नहीं चलेंगे' आंदोलन के समर्थन में उन्होंने जम्मू-कश्मीर राज्य में भारतीयों के लिए प्रवेश पत्र के नियम का उल्लंघन करने का निर्णय लिया। 11 मई को बिना 'परमिट' लिए शेख अब्दुल्ला के राज्य में प्रवेश करके उन्होंने स्वयं को मृत्यु के जबड़ों में झोंक दिया। उनकी मृत्यु को समूचे देश ने उनके आत्मबलिदान के रूप में देखा था, 'शहीद मुखर्जी अमर रहें।'

इस त्रासदी के डेढ़ महीने के भीतर ही 9 अगस्त को प्रधानमंत्री पंडित जवाहरलाल नेहरू के आदेश पर उनके अनन्य मित्र शेख अब्दुल्ला की गिरफ्तारी का समाचार सुनकर देश को सहसा विश्वास नहीं हुआ था कि क्या सचमुच ऐसा हो सकता है? (गिरफ्तारी 8 अगस्त को हुई थी) क्या इन दोनों अकल्पित घटनाओं में कोई संबंध हो सकता है? यदि 23 जून को डॉ. मुखर्जी का आत्मबलिदान नहीं हुआ होता तो क्या शेख अब्दुल्ला की गिरफ्तारी संभव होती? यदि उस समय शेख को कश्मीर के प्रधानमंत्री के पद से बर्खास्त करके गिरफ्तार नहीं किया गया होता तो क्या कश्मीर भारत का अंग रह पाता? इनसे भी बड़ा प्रश्न यह है कि जब जवाहरलाल नेहरू ने डॉ. मुखर्जी की मृत्यु की जांच की देशव्यापी मांग को ठुकरा दिया था, उनकी मृत्यु के अपराधी शेख अब्दुल्ला को दोषमुक्त करार दिया था तो उन्होंने अचानक शेख अब्दुल्ला को गिरफ्तार क्यों किया, पदच्युत क्यों किया? क्या वे भी मन ही मन शेख अब्दुल्ला को डॉ. मुखर्जी का हत्यारा समझते थे? क्या नेहरूजी डॉ. मुखर्जी से सहमत थे कि शेख अब्दुल्ला कश्मीर को भारत से पृथकता के मार्ग पर ले जा रहे हैं? 11 मई को 'परमिट' कानून तोड़कर जम्मू-कश्मीर राज्य में प्रवेश करने से पूर्व डॉ. मुखर्जी ने नेहरूजी व शेख अब्दुल्ला के साथ 9 जनवरी से 23 फरवरी तक लम्बा पत्राचार किया था, जिसे उन्हीं दिनों भारतीय जनसंघ के प्रथम महामंत्री पं. दीनदयाल उपाध्याय ने 139 पृष्ठों की पुस्तक बनाकर प्रकाशित कर दिया था। इस पत्राचार में डॉ. मुखर्जी ने प्रजा परिषद् द्वारा नवम्बर 1952 में प्रारंभ किए गए 'दो प्रधान, दो विधान, दो निशान' विरोधी आंदोलन की आवश्यकता और औचित्य को रखने का पूरा प्रयास किया। इस पत्राचार में उन्होंने चार मांगें उठाईं—

1. भारत में जम्मू-कश्मीर के विलय को अंतिम और स्थायी रूप दिया जाए। धारा 370 की दीवार को हटाया जाए। 'परमिट' प्रथा खत्म की जाए।
2. पाकिस्तान अधिकृत कश्मीर की मुक्ति के लिए समयबद्ध कार्यक्रम बनाया जाए।
3. पाकिस्तान अधिकृत कश्मीर से उजड़कर आए कई हज़ार हिन्दू-सिख परिवारों, जो पांच वर्षों से शरणार्थी के रूप में भटक रहे हैं, के पुनर्वास की व्यवस्था की जाए।
4. प्रजा परिषद् के जनांदोलन के विरुद्ध शेख अब्दुल्ला के दमनचक्र को रोका जाए।

शेख अब्दुल्ला को तो इन मांगों को ठुकराना ही था, परंतु नेहरू जी ने भी इस पत्राचार में शेख अब्दुल्ला के दमनचक्र को सही ठहराते हुए लिखा कि 'यदि शेख अब्दुल्ला की जगह मैं होता तो इससे भी कठोर दमनचक्र चलाता।' उन्होंने डॉ. मुखर्जी की देशभक्तिपूर्ण माँगों का स्वागत और समर्थन करने के बजाए इस विषय पर उनसे भेंट और वार्तालाप करने से भी इंकार कर दिया। 8 फरवरी, 1953 के पत्र में नेहरू जी ने डॉ. मुखर्जी को लिखा कि 'आपके और मेरे बीच बातचीत के लिए कोई समान भूमि खोजना कठिन है।'

यदि शेख अब्दुल्ला पर उन्हें इतना ही विश्वास था तो उन्होंने डॉ. मुखर्जी की मृत्यु के केवल डेढ़ महीने बाद ही अपने अनन्य मित्र को गद्दी से क्यों हटाया? उसे गिरफ्तार करके कारावास में क्यों भेज दिया? क्या शेख अब्दुल्ला की गिरफ्तारी के पीछे वही कारण नहीं थे, जिनका डॉ. मुखर्जी ने अपने पत्रों में बार-बार उल्लेख किया था? क्या पं. नेहरू को उस समय तक शेख अब्दुल्ला की नीयत पर कोई संदेह नहीं था? उसके पृथकतावादी इरादों की कोई भनक नहीं थी? क्या कश्मीर को भारत का अभिन्न अंग बनाए रखने के लिए वे व्याकुल नहीं थे? यदि थे, तो उन्हें प्रजा परिषद् के आंदोलन और डॉ. मुखर्जी के पत्राचार में समान भूमि क्यों नहीं दिखाई थी? क्यों उन्होंने डॉ. मुखर्जी को शेख अब्दुल्ला के जबड़ों में फंसाकर आत्मबलिदान के पथ पर बढ़ने दिया? यदि इतिहास यह प्रमाणित कर दे कि डॉ. मुखर्जी से

पत्राचार के समय ही नेहरू जी को शेख अब्दुल्ला के इरादों का पूरी तरह पता चल चुका था, उनका विश्वास हिल चुका था, तब यदि इतिहास पंडित नेहरू पर भी डॉ. मुखर्जी की हत्या के षड्यंत्र का लांछन लगाएँ तो क्या उसे पूरी तरह गलत कहा जा सकेगा? नेहरू जी उन दिनों किस मन:स्थिति से गुजर रहे थे, शेख अब्दुल्ला के व्यवहार से वे कितना परेशान थे, इसकी कुछ झलक कश्मीर के पूर्व राज्यपाल और निवर्तमान केंद्रीय मंत्री श्री जगमोहन की प्रसिद्ध कृति 'माई फ्रोजेन टरबुलेंस इन कश्मीर' में संगृहीत उस काल के नेहरू जी के कुछ पत्रों के उद्धरणों में मिल जाती है। उस काल का प्रामाणिक साक्ष्य गुप्तचर विभाग के पूर्व निदेशक श्री बी.एन. मलिक द्वारा तीन खंडों में प्रकाशित 'माई ईयर्स विद नेहरू' नामक रचना के कश्मीर खंड में मिल सकता है। बी.एन. मलिक को सितम्बर 1948 में भारतीय गुप्तचर एजेंसी आई.बी. का उप-निदेशक बनाकर दिल्ली लाया गया था। जुलाई 1950 में उन्हें निदेशक पद दिया गया। कश्मीर उनका विशेष दायित्व था। पं. नेहरू ने स्वयं उन्हें अगस्त 1949 में वास्तविक स्थिति को जानने के लिए कश्मीर भेजा था। वहां से लौटकर उन्होंने जो रपट प्रस्तुत की, उससे नेहरू जी बहुत प्रसन्न हुए थे। उन्होंने उस रपट की प्रतियां सभी दूतावासों को भेजीं, राष्ट्र संघ में भारतीय प्रतिनिधिमंडल को भेजीं। उसका व्यापक प्रचार किया, क्योंकि वह रपट शेख अब्दुल्ला के पक्ष में जाती थी। शेख अब्दुल्ला ने अपनी पहली भेंट में बी.एन. मलिक को बहुत अधिक प्रभावित किया था। शेख अब्दुल्ला की पंथनिरपेक्षता, भारत भक्ति, गांधी और नेहरू के प्रति प्रशंसाभाव, प्रगतिशीलता के प्रति पूर्ण विश्वास लेकर मलिक दिल्ली वापस लौटे थे। तब तक वे यह सोच भी नहीं सकते थे कि 'शेख अब्दुल्ला' एक साथ तीन चेहरे अपना सकते थे, घाटी में मुस्लिम सांप्रदायिकतावादी का, जम्मू में क्रांतिकारी सुधारक का और शेष भारत में प्रखर राष्ट्रवादी व 'सेकुलरिस्ट' का।

किंतु अपनी पुस्तक में मलिक ने स्वीकार किया है कि जब मेरी उस रपट की प्रति गृहमंत्री सरदार पटेल के पास पहुंची तो उसे पढ़कर वे बहुत चिंतित हुए। उन्होंने मलिक को बुलाकर लम्बी बात की। उन्होंने कहा कि 'इस रपट को जवाहरलाल नेहरू को देने से पहले तुम्हें गृहमंत्री

होने के नाते मुझे दिखाना चाहिए था। मुझे तुम्हारा शेख अब्दुल्ला का आकलन गलत लगता है। जवाहरलाल नेहरू को इस रपट का इतना व्यापक प्रचार नहीं करना चाहिए था। वे शेख अब्दुल्ला की मैत्री के मोहजाल में हैं। शीघ्र ही उन्हें शेख का असली रंग दिखाई दे जाएगा।' मलिक ने स्पष्टीकरण दिया कि 'मेरी यह रपट मेरे अध्ययन और अनुभवों पर आधारित है। आप यह तो नहीं चाहेंगे कि आपको खुश करने के लिए मैं झूठी रपट बनाऊं।' सरदार ने कहा कि 'मैं यह सुनकर प्रसन्न हूं। मैं तुम्हारे इस विचार का सम्मान करता हूं कि किसी गुप्तचर अधिकारी को शासकों की पसंद की चिंता किए बिना अपनी राय को निर्भीकतापूर्वक प्रकट करना चाहिए। पर मैं तुम्हें शेख के बारे में अपनी राय बता रहा हूं। शायद शीघ्र ही तुम भी इस सत्य को पहचान जाओगे।' सरदार के साथ अपने इस वार्तालाप का विस्तार से वर्णन करके मलिक लिखते हैं कि 'अब सरदार हमारे बीच नहीं हैं। परंतु समय ने सिद्ध किया कि वे सही थे और मैं गलत। केवल तीन वर्ष के भीतर ही मैंने स्वयं को शेख के विरुद्ध लड़ते पाया।'

किंतु इससे विचित्र क्या हो सकता है कि दूर रहकर भी सरदार पटेल शेख के अंतर्मन को, उनके अंतरंग को पहचान सके, किंतु शेख के घनिष्ठ मित्र होकर भी, अपनी बार-बार की कश्मीर यात्राओं में उनका लम्बा आतिथ्य भोगकर भी नेहरू शेख को नहीं पहचान सके। वे उनकी मित्रता के मोह में लगभग अंधे हो गए थे। नेहरू के प्रथम अधिकृत जीवनीकार माइकेल ब्रेचर ने 1951 में प्रकाशित नेहरू के राजनीतिक जीवन चरित्र में लिखा है कि जब 10 मई, 1946 को शेख अब्दुल्ला ने महाराजा हरिसिंह के विरुद्ध 'कश्मीर छोड़ो' आंदोलन प्रारंभ किया और महाराजा ने शेख और उसके साथियों को जेल के सींखचों में बंद कर दिया तो नेहरू इतना अधिक उद्विग्न हो गए कि जिस समय दिल्ली में 'कैबिनेट मिशन' के साथ भारत को सत्तांतरण के प्रश्न पर काँग्रेस का संवाद निर्णायक दौर में था और नेहरू की दिल्ली में उपस्थिति अत्यावश्यक थी; उसी समय नेहरू—मौलाना आज़ाद, काँग्रेस कार्यसमिति और स्वयं महात्मा गांधी के अनुरोध की अवहेलना करके कश्मीर दौड़ गए। महाराजा हरिसिंह को चुनौती देकर उन्होंने महाराजा से

शत्रुता मोल ले ली। ब्रेचर ने लिखा कि 'बहुत लोगों को नेहरू का यह कदम बहुत बचकाना लगा। यद्यपि इससे एक मित्र के प्रति उनकी सराहनीय वफादारी का प्रदर्शन हो हुआ, किंतु दिल्ली में जो राजनीतिक युद्ध चल रहा था, वह कहीं अधिक महत्त्वपूर्ण था।' ब्रेचर ने यह भी लिखा है कि सरदार ने किसी मंत्रिमंडलीय सहयोगी से कहा था कि यदि नेहरू कश्मीर समस्या को मुझे सौंप दें तो मैं उसे तुरंत हल कर दूंगा। वह बेकार ही इधर-उधर भटक रहा है। किंतु नेहरू को कश्मीर और शेख अब्दुल्ला से इतना अधिक भावनात्मक लगाव था कि वे कश्मीर में किसी भी अन्य का हस्तक्षेप बर्दाशत करने को तैयार नहीं थे। शेख अब्दुल्ला के प्रति नेहरू का अत्यधिक मोह और महाराजा के प्रति शत्रु भाव ही नेहरू के प्रधानमंत्रित्व में कश्मीर के त्वरित विलय में बाधक बना।

पंडित नेहरू भले ही शेख अब्दुल्ला की मित्रता के प्रति भावुक हों, किंतु शेख ने उनकी मित्रता को अपनी लम्बी रणनीति के तहत योजनापूर्वक अर्जित किया था। अलीगढ़ मुस्लिम विश्वविद्यालय से स्नातकोत्तर की उपाधि लेकर कश्मीर वापस लौटते ही उन्होंने अपनी अध्यक्षता में 'मुस्लिम कांफ्रेंस' की स्थापना की और डोगरा राजाओं के हिन्दू शासन में कश्मीरी मुसलमानों की मुक्ति का आंदोलन प्रारंभ किया। किंतु धीरे-धीरे उन्हें यह लगने लगा कि केवल आंतरिक साधनों के बल पर महाराजा से टक्कर लेना संभव नहीं है। उसके लिए अखिल भारतीय समर्थन जुटाना आवश्यक है। अपने एक कम्युनिस्ट मित्र के.एम. अशरफ की सलाह पर उन्होंने अपने आंदोलन को कांग्रेस के देशी रियासतों में लोकतंत्र की स्थापना के आंदोलन से जोड़ना आवश्यक समझा। पं. नेहरू कम्युनिस्टों के दुलारे थे। शेख ने नेहरू की मित्रता पाने का निर्णय लिया। 1939 में 'मुस्लिम कांफ्रेंस' का नाम बदलकर 'नेशनल कांफ्रेंस' कर दिया। 'सेकुलरिज्म' की भाषा बोलनी आरंभ कर दी। महाराजा के हिन्दू शासन के विरुद्ध मुस्लिम संघर्ष को सामंतवाद के विरुद्ध प्रगतिवादी संघर्ष का जामा पहना दिया। नेहरू उनकी मित्रता के जाल में फंसते गए। उन्हें सेकुलर और प्रगतिवादी मानने लगे। पर शेख को नेहरू के बारे में कोई भ्रम नहीं था। उन्होंने नेहरू को हिन्दू नेता के

रूप में ही देखा। अपनी आत्मकथा 'आतिशे चिनार' में शेख अब्दुल्ला ने नेहरू जी का वर्णन इन शब्दों में किया है—"भले ही नेहरू खुद को नास्तिक बताते थे। किंतु वे भारत की प्राचीन संस्कृति और हिन्दू चेतना के भारी प्रशंसक थे। अधूरे ज्ञान पर आधारित उनकी इतिहास-दृष्टि भी क.मा. मुंशी और दयानंद सरस्वती जैसे पुनरुत्थानवादियों से बहुत भिन्न नहीं थी, वे प्राचीन आदर्शों के आधार पर भारत के पुनर्निर्माण का माध्यम बनना चाहते थे।"

स्पष्ट ही, नेहरू अब्दुल्ला की दोस्ती में दीवाने थे, लेकिन अब्दुल्ला उनका सीढ़ी की तरह इस्तेमाल कर रहे थे। वे स्वयं को कश्मीरी मुसलमानों का नेता मानते थे और महाराजा के हिन्दू शासन के विरुद्ध उनकी भावनाओं को उभारते थे। 1944 में मि. जिन्ना ने कश्मीर यात्रा की। उन्होंने पहचान लिया कि शेख मुस्लिम भावनाओं के कंधे पर सवार होकर स्वयं सुल्तान बनने का सपना देख रहा है। वह कश्मीर का विलय पाकिस्तान में कदापि नहीं होने देगा। इसलिए उन्होंने 'मुस्लिम कांफ्रेंस' को अपना समर्थन दिया और उसके मंच से शेख की निंदा की। उन्होंने कहा कि 'वह कुरान की आयतें गा-गाकर अनपढ़ मुसलमानों को बहकाता है।' परंतु शेख का कार्यक्रम स्पष्ट था—पं. नेहरू की दोस्ती और काँग्रेस का समर्थन लेकर पहले महाराजा के शासन को खत्म करना। भारत में विलय का भुलावा देकर भारतीय सेनाओं की सहायता से कश्मीर को पाकिस्तान के कब्जे में जाने से रोकना और सेकुलरिज्म व विलय की ऊपरी बातें करके भी कश्मीर को भारत से अलग रखना, उसके विलय को पूर्ण व अंतिम न होने देना। धीरे-धीरे कश्मीर की सत्ता पर अपनी पकड़ मज़बूत करके भारत-विरोधी अंतर्राष्ट्रीय शक्तियों के समर्थन में 'आज़ाद कश्मीर' की घोषणा करना।

शेख अब्दुल्ला क्रमशः इसी दिशा में बढ़ रहे थे। जब उन्होंने देखा कि सत्तांतरण के लिए ब्रिटेन के साथ भारतीय नेतृत्व का वार्तालाप निर्णायक दौर में पहुंच गया है तो उन्होंने 10 मई, 1946 को महाराजा हरिसिंह के विरुद्ध 'कश्मीर छोड़ो' आंदोलन का बिगुल बजा दिया। किंतु महाराजा ने शेख और उनके साथियों को सींखचों में बंद कर दिया, जिससे उत्तेजित होकर नेहरू भारत की स्वाधीनता की लड़ाई को बीच

में छोड़कर कश्मीर भागे गए। महाराजा हरिसिंह ने उनके प्रवेश पर रोक लगा दी और उन्हें भी गिरफ्तार कर लिया, जिसके कारण नेहरू ने महाराजा को अपना व्यक्तिगत शत्रु मान लिया। 15 अगस्त को भारत स्वाधीन हो गया परंतु नेहरू अपनी पूरी लोकप्रियता और प्रतिष्ठा को दाँव पर लगाकर भी शेख को मुक्त नहीं करा पाए। अंतत: 26 सितम्बर, 1947 को शेख ने महाराज को लिखित माफीनामा भेजकर मुक्ति की याचना की। भविष्य में पूर्ण वफादारी का वचन दिया जिससे द्रवित होकर महाराजा ने 29 सितम्बर को शेख को जेल से रिहा किया।

इस बीच महाराजा के सामने भारत अथवा पाकिस्तान में विलय का विकल्प खड़ा हो गया था। सामान्य स्थिति में शेख अब्दुल्ला के 'कश्मीर छोड़ो' आंदोलन से त्रस्त महाराजा की ऐतिहासिक और सांस्कृतिक कारणों से भी सहज प्रतिक्रिया भारत में विलय की होती। किंतु अपने शत्रु शेख अब्दुल्ला के प्रति नेहरू के अंधमोह और अपने प्रति नेहरू के शत्रु भाव से शंकित महाराजा का मन डांवाडोल बना रहा। लॉर्ड माउंटबेटन और महात्मा गांधी की कश्मीर यात्रा भी उन्हें ऊहापोह से बाहर नहीं निकाल सकी। यदि उस समय नेहरू जी ने महाराजा की मन:स्थिति को समझकर अन्य सब रिसायतों की तरह कश्मीर के विलय का प्रश्न भी सरदार पटेल को सौंप दिया होता तो शायद आगे का दुर्भाग्यपूर्ण रक्तरंजित इतिहास न लिखा जाता। किंतु नेहरू को अपनी बुद्धिमत्ता, अपनी नीति कुशलता पर अत्यधिक विश्वास था। वे स्वयं को सच्चा 'सेकुलरिस्ट' मानते थे और सरदार को हिन्दू प्रतिक्रियावादी। नेहरू के इस गलत आकलन का कितना महँगा मूल्य भारत को चुकाना पड़ा है, यह कहने की आवश्यकता नहीं।

आगे का घटनाचक्र हमारी आँखों के सामने है। 22 अक्टूबर, 1947 को पाकिस्तान ने कबायली भेष में कश्मीर पर सैनिक आक्रमण कर दिया। महाराजा हरिसिंह को आत्मरक्षार्थ भारतीय सेनाओं को निमंत्रण देना पड़ा। 26 अक्टूबर को उन्होंने विलय पत्र पर हस्ताक्षर कर दिए। 27 अक्टूबर को भारत ने उनका विलय प्रस्ताव स्वीकार करके अपनी सेनाओं को कश्मीर की रक्षा के लिए भेज दिया। ब्रिगेडियर राजेन्द्र सिंह, कर्नल धनसार सिंह, ले. कर्नल रणजीत और मेजर सोमनाथ शर्मा जैसे

वीर सेनानायकों ने अपने प्राणों की बलि देकर कैसे पाकिस्तानी हमलावरों को खदेड़ा, कश्मीर को बचाया, यह बहुत ही रोमांचकारी प्रेरणास्पद गाथा है। जनरल थिमैया ने 12,000 फुट की ऊंचाई पर टैकों को चढ़ाकर कीर्तिमान स्थापित किया। एयर कमांडर मेहर सिंह ने बिना ऑक्सीजन के 24,000 फुट की ऊंचाई की उड़ान भरकर लेह में अपने विमान को उतारा, लद्दाख को बचाया। भारतीय शौर्य की ये गौरवगाथाएं प्रत्येक भारतीय के अंतःकरण पर अंकित हैं।

जब भारतीय सेनाएं अपने रक्त से विजय का अध्याय लिख रही थीं, शेख अब्दुल्ला जेल से निकलकर नेहरू के कंधों पर सवार होकर अपने 'आज़ाद कश्मीर' के सपने की पूर्ति की दिशा में बढ़ रहा था। नेहरू जी माउंटबेटन की सलाह मानकर गांधी और सरदार पटेल की उपेक्षा करके राष्ट्रसंघ में पहुंच गए थे। भारतीय सेनापतियों की सलाह के विरुद्ध राष्ट्र संघ के आदेश पर तुरंत युद्धविराम पर अड़ गए थे। यदि उस समय उन्होंने अपने सेनानायकों की सलाह मानी होती तो आज एक तिहाई कश्मीर राज्य पाकिस्तान के कब्जे में न होता।

शेख अब्दुल्ला एक ओर भारत में पूर्ण और अंतिम विलय के मार्ग में रोड़े अटकाते रहे, दूसरी ओर नेहरू जी को जनमत संग्रह के विरुद्ध उकसाते रहे। उन्हें भय था कि यदि जनमत संग्रह हुआ तो पाकिस्तान कश्मीरी मुसलमानों की मज़हबी भावनाओं को भड़का कर उन्हें अपने पक्ष में कर लेगा। तब शेख का 'आज़ाद कश्मीर' का सपना कहां जाएगा? इसलिए वे नेहरू को पूर्ण विलय का आश्वासन देकर कश्मीर की सत्ता पर कब्जा जमाने और महाराजा को गद्दी से हटाने की दिशा में प्रयास करते रहे। कश्मीरी मुसलमानों पर शेख के प्रभाव के अतिरंजित आकलन से भ्रमित नेहरू जी के दबाव से 4 मार्च, 1948 को महाराजा हरिसिंह ने शेख अब्दुल्ला को प्रधानमंत्री नियुक्त कर दिया और अपना मंत्रिमंडल बनाने की अनुमति दे दी। प्रधानमंत्री बनते ही शेख ने महाराजा को अपमानित करना शुरू कर दिया। महाराजा सरदार पटेल को पत्र लिखकर अपनी पीड़ा उंडे़लते रहे। 6 मई, 1948 के पत्र में उन्होंने लिखा कि 'शेख अब्दुल्ला ने जेल से रिहाई के लिए वफादारी की जो शपथ ली थी, अब वह उसका उल्लंघन करके मुझे तरह-तरह से

अपमानित और तंग कर रहा है।' सरदार—नेहरू जी की भावनाओं को ध्यान में रखकर कश्मीर में हस्तक्षेप नहीं कर सकते थे और नेहरू महाराजा से ऊपर नहीं उठ पा रहे थे। अंततः महाराजा हरिसिंह ने अपने आत्मसम्मान की रक्षा के लिए 4 जून, 1949 को अपने पुत्र युवराज कर्णसिंह को गद्दी सौंपकर सदा के लिए कश्मीर से विदा ले ली। शेख ने नेहरू की सहायता से भारत के पूर्ण विलय के मार्ग में धारा 370 की संवैधानिक दीवार पहले ही खड़ी करवा ली थी। राष्ट्रसंघ के जनमत संग्रह के प्रस्ताव के परिणामों का भय नेहरू को दिखाकर शेख ने युवराज कर्णसिंह से 1 मई, 1951 को कश्मीर के लिए अलग संविधान सभा के निर्माण की घोषणा करवा ली। अक्टूबर के मध्य में संविधान सभा के चुनाव हुए। सभा की 75 की 75 सीटें 'नेशनल कांफ्रेंस' को मिलीं। इनमें से 73 निर्विरोध, मिलीं, क्योंकि सभी प्रतिपक्षियों के नामांकन पत्र खारिज कर दिए गए। इस सफलता के बाद शेख ने कहना शुरू कर दिया कि वे ही कश्मीरी जनता के एकमात्र प्रवक्ता और प्रतिनिधि हैं।

इस बीच गुप्तचर विभाग को शेख की पश्चिमी देशों के पत्रकारों से भेंट-मुलाकातों के समाचार मिलने लगे। उनकी रपट के आधार पर जब नेहरू जी या गोपाला स्वामी आयंगार ने शेख से सत्य जानने की कोशिश की तो वे गुप्तचर अधिकारी पर कुपित हो गए। उसे कश्मीर से तुरंत हटाने और जेल में बंद करने की धमकियां देने लगे। आखिर उसे हटाना पड़ा। शेख ने भारत सरकार से पूछे बिना ही ऐसे निर्णय लेने प्रारंभ कर दिए जिनका एकमात्र लक्ष्य हिन्दू समाज को शक्तिहीन करना था। उनके भूमि सुधार इसी दिशा में थे। 15 जुलाई, 1949 को उन्होंने युवराज पर दबाव डाला कि 182 कनाल से अधिक 10,000 भू-स्वामियों की जागीरों को बिना मुआवजा दिए जब्त करने का आदेश जारी किया जाए। युवराज ने कश्मीर मामलों में भारत सरकार से पूछना चाहा तो शेख आगबबूला हो गए। उन्होंने भारत सरकार से पूछे बिना ही शहीदी दिवस पर इसकी घोषणा कर दी। नेहरू ने तब भी शेख के सामने घुटने टेक दिए। 1950 से ही नेहरू को गुप्तचर विभाग एवं अपने निजी सूत्रों से समाचार मिलने लगे कि शेख 'आज़ाद कश्मीर' के सपने देख रहे हैं। बी.एन. मलिक ने लिखा है कि नेहरू जी ने मुझे कश्मीर पर विशेष

नज़र रखने का आदेश दिया। अप्रैल, 1952 में शेख ने गोपाला स्वामी के इस प्रस्ताव को कि कश्मीर के वित्तीय मामलों को केंद्रीय लेखाधिकारी के नियंत्रण में लाया जाए, ठुकरा दिया। 4 जुलाई, 1950 को नेहरू ने शेख अब्दुल्ला को एक पत्र में अपने मन की व्यथा प्रकट की। गोपाला स्वामी आयंगार के प्रयत्नों से 24 जुलाई, 1952 को शेख अब्दुल्ला से दिल्ली समझौते पर हस्ताक्षर कराए गए। जिसके अंतर्गत उसे कश्मीर को सर्वोच्च न्यायालय के अधिकार क्षेत्र में लाने, राष्ट्र ध्वज का सम्मान करने, वित्तीय मामलों में लेखाधिकारी का नियंत्रण करने की शर्त पर अनुवांशिक राजतंत्र को समाप्त करने और अलग ध्वज अपनाने की अनुमति दे दी। 19 अगस्त को कश्मीर विधानसभा ने दिल्ली समझौते पर स्वीकृति की मुहर लगाई और 21 अगस्त को पहला निर्णय आनुवांशिक राजतंत्र को समाप्त करके संविधान सभा द्वारा निर्वाचित 'सदरे रियासत' की नियुक्ति करने का लिया। समझौते के अन्य अनुबंधों को विभिन्न उपसमितियों को सौंपकर लम्बे समय के लिए टाल दिया गया। 17 नवम्बर को 'सदरे रियासत' का चुनाव समाप्त हुआ।

अंधा भी देख सकता था कि दो विधान, दो प्रधान, दो निशान की यह स्थिति किस दिशा में जा रही है। नेहरू भी मन-ही-मन इस घटनाचक्र से दुखी लगते थे। परंतु उनमें इतना आत्मबल नहीं था कि वे शेख अब्दुल्ला के हाथ पकड़ सकते। उन्हें हर क्षण अपनी अंतरराष्ट्रीय प्रतिष्ठा बचाने का भय सताता रहता था। कांग्रेस को लगने लगा कि कश्मीर को 'नेशनल कांफ्रेंस' के हाथों में छोड़ना राष्ट्र और दलीय हित में नहीं है। अतः उन्होंने कश्मीर में कांग्रेस की शाखा खोलने का प्रयास किया, जिस पर शेख ने फतवा जारी किया कि कोई कश्मीरी मुसलमान काफिरों की संस्था काँग्रेस में शामिल न हो। यह गुनाह होगा।

इस पृष्ठभूमि में जम्मू प्रजा परिषद् ने नवम्बर, 1952 को शेख के पृथकतावाद के विरुद्ध जनांदोलन आरंभ किया। वस्तुतः यह भारत की अखंडता की रक्षा का प्रयास था। जो कदम उठाने का नेहरू में साहस नहीं था, उसे प्रजा परिषद् ने उठाया था। नेहरू को इसका स्वागत करना चाहिए था। उसे पूरा सहयोग देना चाहिए था, लेकिन हुआ उल्टा। उन्होंने शेख अब्दुल्ला द्वारा इस आंदोलन के बर्बरतापूर्ण दमन को उचित

ठहराया। डॉ. मुखर्जी जैसे महान् देशभक्त की ओर से बढ़े सहयोग के हाथ को ठुकरा कर उन्हें आत्मबलिदान के पथ पर धकेल दिया।

उधर शेख अब्दुल्ला प्रजा परिषद् के आंदोलन से घबराकर और नेहरू जी की कमज़ोरी को भाँप खुल्लम-खुल्ला अमेरिका की गोद में चले गए। उसके राजदूत अडलाई स्टीवेंसन से खुली मुलाकातें करने लगे। अमेरिकी अखबार 'न्यूयॉर्क टाइम्स' ने 'आज़ाद कश्मीर' का नक्शा छाप दिया। जब शेख—नेहरू के बुलावे पर भी दिल्ली आने को तैयार नहीं हुए तब नेहरू चुपचाप भागे-भागे श्रीनगर गए। भारतीय इतिहास का यह कितना कष्टदायक और लज्जाजनक प्रकरण है कि मई, 1953 में जब भारत केसरी डॉ. मुखर्जी को शेख नज़रबंद कर मृत्यु के मुंह में झोंकने की तैयारी कर रहे थे, उस समय नेहरू श्रीनगर में मौजूद थे और शेख की मनुहार में लगे थे। उन्होंने मुखर्जी से मिलने का कोई प्रयास नहीं किया और शेख ने उन्हें घास नहीं डाली। वे निराश होकर दिल्ली लौटे। उन्होंने मौलाना आज़ाद को शेख के पास बातचीत के लिए भेजा। शेख ने उनकी बात नहीं मानी। अंत में नेहरू ने गुप्तचर विभाग के निदेशक बी.एन. मलिक की सहायता ली। उन्हें कश्मीर भेजा। उन्होंने वहां शेख के सहयोगियों को उनसे अलग किया। 'नेशनल कांफ्रेंस' में फूट डाली। तब कहीं जाकर 7 अगस्त, 1953 को शेख को बर्खास्त करके, 8 अगस्त को उन्हें गुलमर्ग से गिरफ्तार किया गया और 9 अगस्त को बख्शी गुलाम मुहम्मद को प्रधानमंत्री पद की शपथ दिलाई गई। किंतु दु:ख की बात यह है कि नेहरू ने डॉ. मुखर्जी की प्राणरक्षा के लिए कुछ नहीं किया। उनकी मृत्यु के लिए शेख को ज़िम्मेदार नहीं ठहराया। शेख के विरुद्ध उन्होंने जो कुछ कदम उठाया उसके पीछे राष्ट्रहित की भावना कम, उसके अहंकार को चोट लगने की वेदना अधिक थी। डॉ. मुखर्जी की मृत्यु से नेहरू जी को वास्तविक शोक हुआ या नहीं—इसे जानने का भी कोई साधन हमारे पास नहीं है, क्योंकि उस समय वे लंदन में थे और वहां से डॉ. मुखर्जी की माताजी को एक चिट्ठी लिखने की औपचारिकता उन्होंने अवश्य निभाई थी। कितनी विचित्र बात है कि नेहरू जी से बातचीत के आधार पर केवल ब्रेचर द्वारा लिखित नेहरू जी की जीवनी में डॉ. मुखर्जी के बलिदान का जिक्र तक

नहीं है। यदि नेहरू ने उस समय राष्ट्रहित को सामने रखा होता तो भारत को कश्मीर के लिए आज इतना अधिक खून न बहाना पड़ता। हज़ारों निर्दोषों की हत्या न होती। इस इतिहास के आलोक में क्या 100 से अधिक अमरनाथ के तीर्थयात्रियों और हिन्दू श्रमिकों की हत्या का कलंक नेहरू की अदूरदर्शी नीतियों के माथे पर नहीं लगता?

इतिहास बड़ा निर्मम होता है, वह किसी का लिहाज़ नहीं करता; वह किसी को क्षमा नहीं करता। यदि आज के काँग्रेसी इन निर्दोष हिन्दुओं की हत्या की जिम्मेदारी किसी के मत्थे मढ़ना ही चाहते हैं तो वे अपने माथे को टटोलें, क्योंकि कश्मीर समस्या उन्होंने ही खड़ी की और उसे इस खूनी मुकाम तक पहुंचाया है। (देवेन्द्र स्वरूप, प्रख्यात विचारक)

•••

17

# झूठ का पर्दाफाश

**डॉ.** श्यामाप्रसाद मुखर्जी से मेरा परिचय पहले आम चुनावों (1952) के दौर में हुआ। वे मध्य भारत के प्रवास पर आए थे और मैं मध्य भारत, जनसंघ का महासचिव था। मैं पूरे समय प्रवास के दौरान उनके साथ रहा; मेरी उनसे निकटता बढ़ी। वह कानपुर में जनसंघ का पहला अधिवेशन था। इसमें जम्मू में प्रजा परिषद् के आंदोलन की गूंज भी थी। अपने भाषण में डॉ. मुखर्जी ने प्रजा परिषद् के आंदोलन की चर्चा की और कहा था—"भारत में रहने के लिए लोग कितनी गोलियां खा रहे हैं, डंडे खा रहे हैं। भारत वर्ष उनकी कोई मदद न करे, यह कभी नहीं हो सकता। वहां हमें जाना चाहिए और आंदोलन करना चाहिए।"

उन्हीं दिनों संसद में डॉ. मुखर्जी के जम्मू जाने के प्रश्न पर काफी बहसें हुईं। डॉ. मुखर्जी ने सदन में कहा कि 'जम्मू जाने के लिए परमिट लगता है, उसे देश से अलग रखा जा रहा है। यह ठीक नहीं है।' तब नेहरू जी ने सबके सामने कहा—"यह बात गलत है। जम्मू जाने के लिए कोई परमिट नहीं लगता।"

तब डॉ. मुखर्जी ने कहा—"अब तो मुझे कश्मीर जाना ही पड़ेगा, क्योंकि प्रधानमंत्री ने कहा है कि मैं झूठ बोल रहा हूं। और अखबार तो उनकी ही बात छापेंगे। लेकिन मैं प्रधानमंत्री के इस झूठ का भंडाफोड़ करने के लिए कश्मीर अवश्य जाऊंगा, ताकि जम्मू-कश्मीर सरकार मुझे गिरफ्तार करे, क्योंकि मैं बिना परमिट के वहां जाऊंगा।"

उस समय कार्यसमिति के सदस्यों ने उनसे स्पष्ट कहा था कि 'आप वहां मत जाइए, क्योंकि वहां आपकी जान को खतरा है।' मैं भी उस

कार्यसमिति में था। लेकिन उन्होंने दृढ़तापूर्वक कहा था—"मेरे जाए बिना प्रधानमंत्री के झूठ का पर्दाफाश नहीं होगा।"

और वे निडर होकर बिना परमिट के जम्मू-कश्मीर गए और राज्य की सीमा पर पहुँचते ही उन्हें गिरफ्तार कर लिया गया। प्रधानममंत्री पंडित जवाहरलाल नेहरू का संसद के सामने बोला गया झूठ उजागर हो गया।

(कुशाभाऊ ठाकरे)

●●●

18

# सबको साथ लेकर चलते थे

कश्मीर भारत का अभिन्न अंग है, यह डॉ. मुखर्जी ने कहा था और आज भी वह मुद्दा संदर्भयुक्त और सार्थक है। कश्मीर पूर्णरूप से भारतीय संविधान के अंतर्गत विकास की तरफ बढ़े, यह मुद्दा तब भी था, आज भी है। आपने देखा होगा कि अभी सरकार ने उन लोगों की समस्या का निवारण करने का प्रयास किया है जो सन् 47-48 में कश्मीर में आ बसे थे। लेकिन अभी तक न उन्हें मुआवजे मिले और न ही नागरिकता। सरकार द्वारा उन्हें मुआवजा देने के लिए केंद्रीय कैबिनेट में इस संबंध में एक प्रस्ताव पारित किया था जिसको मंजूरी दे दी गई है। अब शेष है नागरिकता का सवाल तथा साथ ही अन्य सारे सवाल भी संदर्भयुक्त हैं। लेकिन सबसे बड़ा सवाल उस समय उठा पाकिस्तानी युद्ध का है जो परोक्ष अथवा छद्म रूप में आज भी चल रहा है। इसका निवारण व निराकरण करना है। आपने देखा होगा कि पिछली बार जब पाकिस्तान ने प्रत्यक्ष आक्रमण किया तो उसे कारगिल युद्ध में उसी प्रकार करारी हार का सामना करना पड़ा जैसी उसे सन् 1948 में मिली थी।

कश्मीर के जिन मुद्दों पर डॉ. मुखर्जी ने देश का ध्यान आकर्षित किया था, वे आज भी संदर्भयुक्त हैं और ठीक ढंग से उनका हल निकले, सरकार इसके लिए प्रयत्नशील है।

डॉ. श्यामाप्रसाद मुखर्जी के व्यक्तित्व की तरफ आज के संदर्भ में जरूर ध्यान दिया जाना चाहिए। वे सबसे पहले राजनेता थे जिन्होंने देश में सही तौर पर विभिन्न विचारधाराओं के लोगों को भी एक साथ लाकर

एक राष्ट्रीय गठबंधन बनाने की कोशिश की थी। इत्तफाक से उसमें एक की संख्या कम रह गई अन्यथा वह सरकार का नहीं, अपितु प्रतिपक्ष का पहला (संयुक्त) मोर्चा होता और वह भी केंद्र में ही।

उन्होंने प्रथम जनतांत्रिक गठबंधन बनाया था तमाम लोगों को लेकर जिसके अंदर फारवर्ड ब्लाक भी था, और लोग भी शामिल थे किंतु उसकी संख्या एक से कम रह गई। वास्तव में श्यामाप्रसाद मुखर्जी का व्यक्तित्व ऐसा था, जिन्होंने परस्पर मतभेद रखने वाले विभिन्न लोगों को इकट्ठा करके प्रथम भारतीय व मान्यता प्राप्त प्रबल प्रतिपक्ष बनाने की चेष्टा की थी। इससे स्पष्ट होता है कि उनकी देशभक्ति, उनकी विचारधारा, उनका व्यक्तित्व कितना सर्वमान्य था।

(डॉ. मुरली मनोहर जोशी, भूतपूर्व शिक्षामंत्री, भारत)

•••

19

# मुस्लिम लीग के खिलाफ एक अकेली आवाज़

**भा**रत और पाकिस्तान का विभाजन करने हेतु 1940 में मुस्लिम लीग ने 'लाहौर प्रस्ताव' पारित किया। डॉ. श्यामाप्रसाद मुखर्जी पहले व्यक्ति थे जिन्होंने उस प्रस्ताव का विरोध किया था। 1942 से लेकर 1946 तक हिन्दू महासभा के जितने भी अधिवेशन हुए उनमें डॉ. मुखर्जी ने उस शरारतपूर्ण कृत्य की जमकर भर्त्सना की थी। अमृतसर, लायलपुर, लुधियाना, दिल्ली, गोरखपुर, मथुरा, महाकौशल आदि स्थानों पर हुए महासभा के अधिवेशनों में डॉ. मुखर्जी के भाषणों में लीग के उस प्रस्ताव की तीव्र निंदा होती थी। उस वक्त किसी भी राजनीतिक दल ने भारत के विभाजन के विरुद्ध मुंह नहीं खोला था। डॉ. मुखर्जी की अध्यक्षता में केवल हिन्दू महासभा ही थी जो इस बंटवारे के विरुद्ध मुखर थी।

भारतीय कम्युनिस्ट पार्टी ने मुस्लिम लीग के उस प्रस्ताव का भरपूर समर्थन किया था। उसने प्रस्ताव को उचित ठहराते हुए उस पर गौर करने पर जोर डाला। कांग्रेस के नेता पसोपेश में थे, अत: न तो खुलकर बंटवारे के प्रस्ताव का विरोध कर पा रहे थे, न ही उसका समर्थन। 1946 के चुनावों के बाद इंग्लैंड से मंत्रिमंडलीय प्रतिनिधिमंडल अपने साथ भारतीय नेताओं को सत्ता सौंपे जाने संबंधी कुछ प्रस्ताव लेकर आया। उस 'कैबिनेट मिशन' प्रस्ताव में मुस्लिम लीग को पाकिस्तान दिए जाने की माँग स्पष्ट झलक रही थी। उन सुझावों में भारत के तीन टुकड़े करने की मंशा व्यक्त की गई थी, जिनका जुड़ाव संयुक्त केंद्र के साथ

रखे जाने की बात थी। उन्हें तीन टुकड़े नहीं, तीन समूह कहा जाना चाहिए। वे थे—(1) बंगाल समूह, जिसमें सभी हिन्दू बहुल प्रांत शामिल थे; (2) पूरा पंजाब, सिंध, उत्तर-पश्चिमी सीमांत प्रांत तथा उत्तर-पूर्व; (3) संपूर्ण बंगाल व संपूर्ण असम। अंग्रेज ऐसे तीन सामूहिक टुकड़ों में भारत के हिस्से करना चाहते थे। उनमें से दो हिस्से तो विशुद्ध रूप से मुस्लिम बहुल होने थे और एक हिन्दू बहुल। इन तीनों हिस्सों को उस कमज़ोर केंद्र से जोड़े जाने की बात थी, जिसके पास केवल प्रतिरक्षा, विदेश मामले और वित्त की ज़िम्मेदारी रहनी थी।

डॉ. श्यामाप्रसाद मुखर्जी अंग्रेजों और मुस्लिम लीग की उन कोशिशों को पहचान गए थे और समझ चुके थे कि जिस केंद्र सरकार की बात की जा रही है, वह केवल नाममात्र के लिए है। वह देश की एकता सुनिश्चित नहीं कर पाएगी। इंग्लैंड से आए उस तीन सदस्यीय मंत्रिमंडलीय प्रतिनिधिमंडल की कांग्रेस और मुस्लिम लीग से कई दौर की वार्ताएँ हुईं। इस विषय में हिन्दू महासभा और डॉ. मुखर्जी से किसी प्रकार की सलाह तक नहीं ली गई, क्योंकि 1946 के चुनावों में हिन्दुओं द्वारा काँग्रेस को ही वोट दिए गए। अत: हिन्दू महासभा का राजनीतिक दृष्टि से उतना मूल्य नहीं समझा गया। लेकिन कांग्रेस और मुस्लिम लीग में मतभेद होने के कारण केंद्र में अंतरिम सरकार के गठन में व्यवधान आ गया। परंतु तत्कालीन गवर्नर जनरल व वायसराय लॉर्ड वावेल ने कांग्रेस को सरकार बनाने को कहा। मुस्लिम लीग ने कांग्रेस को सरकार बनाने के लिए निमंत्रण भेजने का कड़ा विरोध किया। उन्होंने सीधी कार्रवाई की, जो अंग्रेज़ों के विरुद्ध नहीं, कांग्रेस के विरुद्ध थी, जिसे हिन्दुओं ने वोट डाले थे।

16 अगस्त, 1946 को कोलकाता में हिन्दुओं का खुलेआम भीषण नरसंहार हुआ। 'द स्टेट्समैन' ने खबर का शीर्षक दिया था—'द ग्रेट कैलकटा किलिंग।' लगभग 10,000 लोगों को मार डाला गया। उनके घर जलाए गए, महिलाओं का अपमान किया गया, भयंकर लूटपाट की गई। इतना भयंकर रक्तपात हुआ कि पुलिस के समस्त आँकड़े फेल हो गए। बंगाल के लोग तो मानो जड़ हो गए थे। उनकी समस्त आशाएं समाप्त हो चली थीं, क्योंकि बंगाल में मुस्लिम लीग का राज कायम

था, जिससे हिन्दुओं को किसी तरह की उम्मीद नहीं थी। विधानसभा में लीग बहुमत में थी जबकि हिन्दुओं का प्रतिनिधित्व कर रही कांग्रेस अल्पमत में थी। गांधी जी के प्रभाव के कारण कांग्रेसी सदस्य हिंदुओं पर होने वाले अत्याचारों के विरुद्ध मुँह नहीं खोलते थे, क्योंकि 'धर्मनिरपेक्षता' का भाव रखने वाले कांग्रेसी यदि हिन्दुओं की ओर कुछ कहते तो उन्हें 'साम्प्रदायिक' कहे जाने का भय रहता था। आज भी कांग्रेस में यही भाव दिखाई दे रहा है। 1946 में 250 सदस्यों वाली बंगाल विधानसभा में डॉ. श्यामाप्रसाद हिन्दू महासभा से एकमात्र सदस्य थे। वे कोलकाता विश्वविद्यालय के आरक्षित पद पर चुने गए थे। ऐसी विषम परिस्थिति में डॉ. मुखर्जी ने हिन्दुओं की पीड़ा सबके सामने रखने का बीड़ा उठाया। उन्होंने कांग्रेस को हिन्दुओं की ओर से आवाज़ उठाने को कहा। अक्टूबर, 1946 में फिर से साम्प्रदायिक संघर्ष भड़का। यह एकतरफा संघर्ष नोआखली ज़िले में उपजा, जो उस समय पूर्व बंगाल में (पूर्वी पाकिस्तान, अब बांग्लादेश में) था।

नोआखली एक छोटा जिला था, जिसमें 82 प्रतिशत मुसलमान थे और 18 प्रतिशत हिन्दू थे। वहां हिन्दुओं की हत्याएं हुईं, लूटपाट व आगजनी हुई। इसके अलावा वहां एक नई बात दिखाई दी कि हिन्दुओं को बलात् मुसलमान बनाया गया। कोलकाता दंगों में कम से कम यह देखने में नहीं आया था। उस समय भी सबसे पहले डॉ. मुखर्जी ही हिन्दुओं की सहायता के लिए नोआखली गए थे। उन्होंने दंगाग्रस्त क्षेत्रों में पीड़ित हिन्दुओं की राहत की व्यवस्था की। बंगाल में कांग्रेस उच्च कमान और पं. नेहरू सत्ता चलाने में ही व्यस्त रहे। तब गांधी जी ने नोआखली जाकर लोगों को शांति और भाईचारे का संदेश देना चाहा। वहां के मुसलमान नेताओं ने गांधी जी की अनदेखी करके पाकिस्तान बनाए जाने पर जोर दिया। हिन्दुओं से कहा कि 'या तो पाकिस्तान को स्वीकारो नहीं तो नतीजा भुगतने को तैयार रहो।'

इस बीच लॉर्ड माउंटबेटन ने विभाजन की रूपरेखा तैयार कर दी थी। यह निश्चित कर लिया गया था कि चूंकि बंगाल मुस्लिमबहुल है, इसलिए वह पूरा-का-पूरा पाकिस्तान में सम्मिलित हो जाएगा। परंतु

डॉ. श्यामाप्रसाद मुखर्जी इसके विरोध में उठ खड़े हुए और बोले—"अगर मुस्लिमबहुल क्षेत्र भारत से अलग किए जा सकते हैं तो मुस्लिमबहुल प्रांतों के हिन्दूबहुल ज़िले, जैसे पूर्वी पंजाब और पश्चिमी बंगाल, भारत संघ में क्यों नहीं रह सकते?"

इस तर्क का कोई जवाब नहीं दे पाया। उस समय वे हिन्दू महासभा के अध्यक्ष थे और बंगाल विधानसभा के सदस्य। ऐसे आह्वान पर हिन्दुत्वनिष्ठ नेतृत्व डॉ. श्यामाप्रसाद मुखर्जी की ओर आकर्षित हुए। वे इस चुनौती के विरुद्ध एकमात्र योद्धा दिखाई देते थे।

जब कांग्रेस ने देखा कि हिन्दू डॉ. मुखर्जी की ओर जा रहे हैं तो बंगाल की कांग्रेस ने अपने केंद्रीय नेताओं पर दबाव डाला कि बंगाल के हिन्दूबहुल क्षेत्रों को अलग करके भारत के साथ जोड़ने की बात का भरपूर समर्थन किया जाए। बंगाल के तत्कालीन मुख्यमंत्री सुहरावर्दी ने मुस्लिम गुटों को कथित शह देकर कोलकाता और नोआखली में वे साम्प्रदायिक दंगे करवाए थे। सुहरावर्दी और उनके सहयोगियों ने एक नया प्रस्ताव रखा कि बंगाल को न पाकिस्तान में मिलाया जाए, न भारत में। बल्कि उसे एक स्वतंत्र संयुक्त बंगाल राज्य के रूप में रखा जाए। पश्चिम बंगाल के कुछ नेता, जैसे शरद चंद्र बोस (सुभाष चंद्र बोस के भाई) भी सुहरावर्दी के आंदोलन के साथ हो लिए। तब डॉ. मुखर्जी ने हिन्दुओं का पक्ष रखते हुए कहा था—"एक स्वतंत्र बंगाल की कोई जरूरत नहीं। हम पिछले 10 वर्षों से मुस्लिम लीग के शासन में रह रहे हैं। इस दौरान बंगाल के हिन्दुओं ने राजनीतिक, आर्थिक, शैक्षिक व अन्य प्रकार के कष्ट सहे हैं। यह तब हुआ जब अंग्रेज भारत में रहे। लेकिन यदि एक स्वतंत्र संयुक्त बंगाल राज्य बन जाएगा तो ब्रिटिश सत्ता के तहत ही हिन्दुओं पर कहर ढाने वाली मुस्लिम लीग की सरकार पर हम भरोसा कैसे कर सकते हैं?"

तब बंगाल के हिन्दुओं के एक जनमत सर्वेक्षण में 99 प्रतिशत की इच्छा थी कि कोई स्वतंत्र संयुक्त बंगाल नहीं, बल्कि बंगाल का विभाजन होना चाहिए। बंगाल के हिन्दू बहुल ज़िले भारत में ही रहने चाहिएं।

अंततः ब्रिटिश हुकूमत और कांग्रेस के शीर्ष नेताओं ने यह निष्कर्ष

निकाला कि बंगाल के विभाजन के अलावा कोई चारा नहीं है और बंगाल के हिन्दू बहुल क्षेत्र भारत में ही रखे जाएँ। बंगाल का एक हिस्सा पश्चिम बंगाल के हिन्दुओं सहित भारत में रहा।

इस प्रकार पं. बंगाल के हिन्दू बच गए। पूर्वी बंगाल पहले पाकिस्तान का हिस्सा बना, और अब बाँग्लादेश है। 1950 में पूर्वी पाकिस्तान से 50 लाख हिन्दू पश्चिम बंगाल में आकर बसे। यह पश्चिम बंगाल डॉ. श्यामाप्रसाद मुखर्जी के कारण ही भारत में रहा।

(डॉ. दिनेश सिन्हा, पूर्व उप-कुलसचिव, कोलकाता विश्वविद्यालय)

●●●

20

# सुभाष चंद्र बोस के प्रतिरूप थे श्यामाबाबू

1942 में 'भारत छोड़ो' आंदोलन पूरे जोर पर था। डॉ. श्यामाप्रसाद उस समय बंगाल सरकार में मंत्री थे और उनसे अपेक्षा की जाती थी कि वे ब्रिटिश शासन के बनाए नियमों को क्रियान्वित कराएं। पर उन्होंने ऐसा किया नहीं, क्योंकि उन्हें भान था कि ब्रिटिश शासन दमन की नीतियां अपना रहा है। तब डॉ. मुखर्जी को लगा कि इस तरह सत्ता में बने रहने का कोई अर्थ नहीं है। उन्होंने मंत्रिमंडल से त्यागपत्र दे दिया। विधानसभा में उस समय दिए गए उनके भाषण से इस तथ्य की सत्यता पता चलती है। डॉ. मुखर्जी एक ही समय में दो शत्रुओं से जूझ रहे थे। वे एक सच्चे राष्ट्रवादी थे। मेरे विचार से स्वाभिमानपूर्ण मुक्ति ही श्यामाप्रसाद जी का ध्येय था। मैं बंगाल के दो महान नेताओं—सुभाष चंद्र बोस और डॉ. श्यामाप्रसाद मुखर्जी में अनेक समानताएं देखता हूं। सुभाष चंद्र बोस गांधीवादी नेताओं की तुष्टीकरण नीति के विरुद्ध संघर्षरत रहे। वे ब्रिटिश शासन को जड़ से उखाड़ फेंकने के लिए प्रयत्नशील थे, जबकि कांग्रेस नेतृत्व केवल समझौते दर समझौते में ही लगा हुआ था। जब सुभाष चंद्र बोस ने देखा कि भारत में कांग्रेस में रहकर वैसा करना संभव नहीं हो रहा तो उन्होंने उससे अलग होकर 'फारवर्ड ब्लॉक' का गठन किया। बाद में भारत से बाहर जाकर 'आज़ाद हिंद फौज' का निर्माण किया। वे तुष्टीकरण और समझौतावादी नीति के विरुद्ध थे। इसीं तरह श्यामाप्रसाद जी भी ब्रिटिश शासन और भारत के टुकड़े करने वालों के विरुद्ध किसी

तरह का समझौता न करते हुए संघर्षरत रहे। वे सही अर्थों में देशभक्त थे, क्योंकि उन्होंने गोरों और मुसलमानों में साम्प्रदायिक तत्त्वों के विरुद्ध लड़ाई छेड़ी थी।

1946-47 में मुस्लिम लीग के तेवर थे—'लड़कर लेंगे पाकिस्तान' और उधर कांग्रेस वही समझौतावादी रवैया अपनाए हुए थी। कोलकाता-नरसंहार हुआ। परिस्थिति सीमा से बाहर हो चली थी। डॉ. श्यामाप्रसाद जी छिछले राजनीतिज्ञ नहीं, बल्कि सच्चे राजनेता थे। उन्होंने आह्वान किया कि 'भारत का कोई विभाजन नहीं होगा। यदि भारत का विभाजन होता है तो पाकिस्तान भी बंटेगा।' उनकी इसी सिंह गर्जना का परिणाम था कि मुस्लिम लीग बंगाल को छू नहीं पाई, जिन्ना को संपूर्ण पंजाब नहीं मिला। यह बहुत बड़ी उपलब्धि थी। उन्होंने भारतीय राष्ट्रवादिता और बंगाली विशिष्टता का अद्भुत संगम किया था।

डॉ. मुखर्जी एकमात्र ऐसे नेता थे, जिन्होंने न केवल स्वतंत्रता से पहले देश के लिए संघर्ष किया, बल्कि स्वतंत्रता के बाद देश की एकजुटता के लिए प्राण दिए। 1950 में जब 'नेहरू-लियाकत' समझौता हुआ और बंगाली हिन्दू अल्पसंख्यकों के हितों पर कुठाराघात हुआ तो उन्होंने केंद्र सरकार से त्यागपत्र दे दिया। जो उन्होंने कश्मीर के लिए किया, वह भारतीय अस्मिता बचाए रखने के लिए किया।

(डॉ. प्रणव कुमार चटर्जी)

●●●